FRANCÉS
VOCABULARIO

ESPAÑOL-FRANCÉS

Las palabras más útiles
Para expandir su vocabulario y refinar
sus habilidades lingüísticas

5000 palabras

Vocabulario Español-Francés - 5000 palabras más usadas

por Andrey Taranov

Los vocabularios de T&P Books buscan ayudar en el aprendizaje, la memorización y la revisión de palabras de idiomas extranjeros. El diccionario se divide por temas, cubriendo toda la esfera de las actividades cotidianas, de negocios, ciencias, cultura, etc.

El proceso de aprendizaje de palabras utilizando los diccionarios temáticos de T&P Books le proporcionará a usted las siguientes ventajas:

- La información del idioma secundario está organizada claramente y predetermina el éxito para las etapas subsiguientes en la memorización de palabras.
- Las palabras derivadas de la misma raíz se agrupan, lo cual permite la memorización de grupos de palabras en vez de palabras aisladas.
- Las unidades pequeñas de palabras facilitan el proceso de reconocimiento de enlaces de asociación que se necesitan para la cohesión del vocabulario.
- De este modo, se puede estimar el número de palabras aprendidas y así también el nivel de conocimiento del idioma.

T&P Books Publishing
www.tpbooks.com

ISBN: 978-1-78314-045-9

Este libro está disponible en formato electrónico o de E-Book también.
Visite www.tpbooks.com o las librerías electrónicas más destacadas en la Red.

VOCABULARIO FRANCÉS
palabras más usadas

Los vocabularios de T&P Books buscan ayudar al aprendiz a aprender, memorizar y repasar palabras de idiomas extranjeros. Los vocabularios contienen más de 5000 palabras comúnmente usadas y organizadas de manera temática.

- El vocabulario contiene las palabras corrientes más usadas.
- Se recomienda como ayuda adicional a cualquier curso de idiomas.
- Capta las necesidades de aprendices de nivel principiante y avanzado.
- Es conveniente para uso cotidiano, prácticas de revisión y actividades de auto-evaluación.
- Facilita la evaluación del vocabulario.

Aspectos claves del vocabulario

- Las palabras se organizan según el significado, no según el orden alfabético.
- Las palabras se presentan en tres columnas para facilitar los procesos de repaso y auto-evaluación.
- Los grupos de palabras se dividen en pequeñas secciones para facilitar el proceso de aprendizaje.
- El vocabulario ofrece una transcripción sencilla y conveniente de cada palabra extranjera.

El vocabulario contiene 155 temas que incluyen lo siguiente:

Conceptos básicos, números, colores, meses, estaciones, unidades de medidas, ropa y accesorios, comida y nutrición, restaurantes, familia nuclear, familia extendida, características de personalidad, sentimientos, emociones, enfermedades, la ciudad y el pueblo, exploración del paisaje, compras, finanzas, la casa, el hogar, la oficina, el trabajo en oficina, importación y exportación, promociones, búsqueda de trabajo, deportes, educación, computación, la red, herramientas, la naturaleza, los países, las nacionalidades y más ...

TABLA DE CONTENIDO

Guía de pronunciación   9
Abreviaturas   11

CONCEPTOS BÁSICOS   13
Conceptos básicos. Unidad 1   13

1. Los pronombres   13
2. Saludos. Salutaciones. Despedidas   13
3. Modos del trato: Como dirigirse a otras personas   14
4. Números cardinales. Unidad 1   14
5. Números cardinales. Unidad 2   15
6. Números ordinales   16
7. Números. Fracciones   16
8. Números. Operaciones básicas   16
9. Números. Miscelánea   16
10. Los verbos más importantes. Unidad 1   17
11. Los verbos más importantes. Unidad 2   18
12. Los verbos más importantes. Unidad 3   19
13. Los verbos más importantes. Unidad 4   20
14. Los colores   21
15. Las preguntas   21
16. Las preposiciones   22
17. Las palabras útiles. Los adverbios. Unidad 1   22
18. Las palabras útiles. Los adverbios. Unidad 2   24

Conceptos básicos. Unidad 2   26

19. Los días de la semana   26
20. Las horas. El día y la noche   26
21. Los meses. Las estaciones   27
22. Las unidades de medida   29
23. Contenedores   30

EL SER HUMANO   31
El ser humano. El cuerpo   31

24. La cabeza   31
25. El cuerpo   32

La ropa y los accesorios   33

26. La ropa exterior. Los abrigos   33
27. Men's & women's clothing   33

28. La ropa. La ropa interior   34
29. Gorras   34
30. El calzado   34
31. Accesorios personales   35
32. La ropa. Miscelánea   35
33. Productos personales. Cosméticos   36
34. Los relojes   37

La comida y la nutrición   38

35. La comida   38
36. Las bebidas   39
37. Las verduras   40
38. Las frutas. Las nueces   41
39. El pan. Los dulces   42
40. Los platos al horno   42
41. Las especias   43
42. Las comidas   44
43. Los cubiertos   45
44. El restaurante   45

La familia nuclear, los parientes y los amigos   46

45. La información personal. Los formularios   46
46. Los familiares. Los parientes   46

La medicina   48

47. Las enfermedades   48
48. Los síntomas. Los tratamientos. Unidad 1   49
49. Los síntomas. Los tratamientos. Unidad 2   50
50. Los síntomas. Los tratamientos. Unidad 3   51
51. Los médicos   52
52. La medicina. Las drogas. Los accesorios   52

EL AMBIENTE HUMANO   54
La ciudad   54

53. La ciudad. La vida en la ciudad   54
54. Las instituciones urbanas   55
55. Los avisos   56
56. El transporte urbano   57
57. La exploración del paisaje   58
58. Las compras   59
59. El dinero   60
60. La oficina de correos   61

La vivienda. La casa. El hogar   62

61. La casa. La electricidad   62

62. La villa. La mansión 62
63. El apartamento 62
64. Los muebles. El interior 63
65. Los accesorios de la cama 64
66. La cocina 64
67. El baño 65
68. Los aparatos domésticos 66

LAS ACTIVIDADES DE LA GENTE 67
El trabajo. Los negocios. Unidad 1 67

69. La oficina. El trabajo de oficina 67
70. Los métodos de los negocios. Unidad 1 68
71. Los métodos de los negocios. Unidad 2 69
72. La producción. Los trabajos 70
73. El contrato. El acuerdo 71
74. Importación y Exportación 72
75. Las finanzas 72
76. La mercadotecnia 73
77. La publicidad 74
78. La banca 74
79. El teléfono. Las conversaciones telefónicas 75
80. El teléfono celular 76
81. Los artículos de escritorio 76
82. Tipos de negocios 77

El trabajo. Los negocios. Unidad 2 79

83. El espectáculo. La exhibición 79
84. La ciencia. La investigación. Los científicos 80

Las profesiones y los oficios 82

85. La búsqueda de trabajo. El despido del trabajo 82
86. Los negociantes 82
87. Los trabajos de servicio 83
88. La profesión militar y los rangos 84
89. Los oficiales. Los sacerdotes 85
90. Las profesiones agrícolas 85
91. Las profesiones artísticas 86
92. Profesiones diversas 86
93. Los trabajos. El estatus social 88

La educación 89

94. La escuela 89
95. Los institutos. La Universidad 90
96. Las ciencias. Las disciplinas 91
97. Los sistemas de escritura. La ortografía 91
98. Los idiomas extranjeros 92

Los restaurantes. El entretenimiento. El viaje   94

99. El viaje. Viajar   94
100. El hotel   94

EL EQUIPO TÉCNICO. EL TRANSPORTE   96
El equipo técnico   96

101. El computador   96
102. El internet. El correo electrónico   97
103. La electricidad   98
104. Las herramientas   98

El transporte   101

105. El avión   101
106. El tren   102
107. El barco   103
108. El aeropuerto   104

Acontecimentos de la vida   106

109. Los días festivos. Los eventos   106
110. Los funerales. El entierro   107
111. La guerra. Los soldados   107
112. La guerra. Las maniobras militares. Unidad 1   108
113. La guerra. Las maniobras militares. Unidad 2   110
114. Las armas   111
115. Los pueblos antiguos   113
116. La edad media   113
117. El líder. El jefe. Las autoridades   115
118. Violar la ley. Los criminales. Unidad 1   116
119. Violar la ley. Los criminales. Unidad 2   117
120. La policía. La ley. Unidad 1   118
121. La policía. La ley. Unidad 2   119

LA NATURALEZA   121
La tierra. Unidad 1   121

122. El espacio   121
123. La tierra   122
124. Los puntos cardinales   123
125. El mar. El océano   123
126. Los nombres de los mares y los océanos   124
127. Las montañas   125
128. Los nombres de las montañas   126
129. Los ríos   126
130. Los nombres de los ríos   127
131. El bosque   127
132. Los recursos naturales   128

La tierra. Unidad 2   130

133. El tiempo   130
134. Los eventos climáticos severos. Los desastres naturales 131

La fauna   132

135. Los mamíferos. Los predadores   132
136. Los animales salvajes   132
137. Los animales domésticos   133
138. Los pájaros   134
139. Los peces. Los animales marinos   136
140. Los anfibios. Los reptiles   136
141. Los insectos   137

La flora   138

142. Los árboles   138
143. Los arbustos   138
144. Las frutas. Las bayas   139
145. Las flores. Las plantas   140
146. Los cereales, los granos   141

LOS PAÍSES. LAS NACIONALIDADES   142

147. Europa occidental   142
148. Europa central y oriental   142
149. Los países de la antes Unión Soviética   143
150. Asia   143
151. América del Norte   144
152. Centroamérica y Sudamérica   144
153. África   145
154. Australia. Oceanía   145
155. Las ciudades   145

GUÍA DE PRONUNCIACIÓN

La letra	Ejemplo francés	T&P alfabeto fonético	Ejemplo español

Las vocales

A a	cravate	[a]	radio
E e	mer	[ɛ]	mes
I i [1]	hier	[j]	asiento
I i [2]	musique	[i]	ilegal
O o	porte	[o], [ɔ]	bolsa
U u	rue	[y]	pluma
Y y [3]	yacht	[j]	asiento
Y y [4]	type	[i]	ilegal

Las consonantes

B b	robe	[b]	en barco
C c [5]	place	[s]	salva
C c [6]	canard	[k]	charco
Ç ç	leçon	[s]	salva
D d	disque	[d]	desierto
F f	femme	[f]	golf
G g [7]	page	[ʒ]	adyacente
G g [8]	gare	[g]	jugada
H h	héros	[h]	[h] muda
J j	jour	[ʒ]	adyacente
K k	kilo	[k]	charco
L l	aller	[l]	lira
M m	maison	[m]	nombre
N n	nom	[n]	número

P p	papier	[p]	precio
Q q	cinq	[k]	charco
R r	mars	[r]	R francesa (gutural)
S s [9]	raison	[z]	desde
S s [10]	sac	[s]	salva
T t	table	[t]	torre
V v	verre	[v]	travieso
W w	Taïwan	[w]	acuerdo
X x [11]	expliquer	[ks]	taxi
X x [12]	exact	[gz]	inglés - exam
X x [13]	dix	[s]	salva

La letra	Ejemplo francés	T&P alfabeto fonético	Ejemplo español
X x [14]	dixième	[z]	desde
Z z	zéro	[z]	desde

Las combinaciones de letras

ai	faire	[ɛ]	mes
au	faute	[o], [o:]	correa
ay	payer	[eɪ]	béisbol
ei	treize	[ɛ]	mes
eau	eau	[o], [o:]	correa
eu	beurre	[ø]	alemán - Hölle
œ	œil	[ø]	alemán - Hölle
œu	cœur	[ø:]	inglés - first
ou	nous	[u]	mundo
oi	noir	[wa]	aduanero
oy	voyage	[wa]	aduanero
qu	quartier	[k]	charco
ch	chat	[ʃ]	shopping
th	thé	[t]	torre
ph	photo	[f]	golf
gu [15]	guerre	[g]	jugada
ge [16]	géographie	[ʒ]	adyacente
gn	ligne	[ɲ]	leña
on, om	maison, nom	[ɔ̃]	[o] nasal

Comentarios

[1] delante de vocales
[2] en el resto de los casos
[3] delante de vocales
[4] en el resto de los casos
[5] delante de **e, i, y**
[6] en el resto de los casos
[7] delante de **e, i, y**
[8] en el resto de los casos
[9] entre dos vocales
[10] en el resto de los casos
[11] la mayoría de los casos
[12] rara vez
[13] en **dix, six, soixante**
[14] en **dixième, sixième**
[15] delante de **e, i, u**
[16] delante de **a, o, y**

ABREVIATURAS
usadas en el vocabulario

Abreviatura en español

adj	-	adjetivo
adv	-	adverbio
anim.	-	animado
conj	-	conjunción
etc.	-	etcétera
f	-	sustantivo femenino
f pl	-	femenino plural
fam.	-	uso familiar
fem.	-	femenino
form.	-	uso formal
inanim.	-	inanimado
innum.	-	innumerable
m	-	sustantivo masculino
m pl	-	masculino plural
m, f	-	masculino, femenino
masc.	-	masculino
mat	-	matemáticas
mil.	-	militar
num.	-	numerable
p.ej.	-	por ejemplo
pl	-	plural
pron	-	pronombre
sg	-	singular
v aux	-	verbo auxiliar
vi	-	verbo intransitivo
vi, vt	-	verbo intransitivo, verbo transitivo
vr	-	verbo reflexivo
vt	-	verbo transitivo

Abreviatura en francés

adj	-	adjetivo
adv	-	adverbio
conj	-	conjunción
etc.	-	etcétera
f	-	sustantivo femenino
f pl	-	femenino plural
m	-	sustantivo masculino

m pl	-	masculino plural
m, f	-	masculino, femenino
pl	-	plural
prep	-	preposición
pron	-	pronombre
v aux	-	verbo auxiliar
v imp	-	verbo impersonal
vi	-	verbo intransitivo
vi, vt	-	verbo intransitivo, verbo transitivo
vp	-	verbo pronominal
vt	-	verbo transitivo

CONCEPTOS BÁSICOS

Conceptos básicos. Unidad 1

1. Los pronombres

yo	je	[ʒə]
tú	tu	[ty]
él	il	[il]
ella	elle	[ɛl]
ello	ça	[sa]
nosotros, -as	nous	[nu]
vosotros, -as	vous	[vu]
ellos	ils	[il]
ellas	elles	[ɛl]

2. Saludos. Salutaciones. Despedidas

¡Hola! (fam.)	Bonjour!	[bɔ̃ʒur]
¡Hola! (form.)	Bonjour!	[bɔ̃ʒur]
¡Buenos días!	Bonjour!	[bɔ̃ʒur]
¡Buenas tardes!	Bonjour!	[bɔ̃ʒur]
¡Buenas noches!	Bonsoir!	[bɔ̃swar]
decir hola	dire bonjour	[dir bɔ̃ʒur]
¡Hola! (a un amigo)	Salut!	[saly]
saludo (m)	salut (m)	[saly]
saludar (vt)	saluer (vt)	[salɥe]
¿Cómo estáis?	Comment allez-vous?	[kɔmɑ̃talevu]
¿Cómo estás?	Comment ça va?	[kɔmɑ̃ sa va]
¿Qué hay de nuevo?	Quoi de neuf?	[kwa də nœf]
¡Chau! ¡Adiós!	Au revoir!	[orəvwar]
¡Hasta pronto!	À bientôt!	[a bjɛ̃to]
¡Adiós!	Adieu!	[adjø]
despedirse (vr)	dire au revoir	[dir ərəvwar]
¡Hasta luego!	Salut!	[saly]
¡Gracias!	Merci!	[mɛrsi]
¡Muchas gracias!	Merci beaucoup!	[mɛrsi boku]
De nada	Je vous en prie	[ʒə vuzɑ̃pri]
No hay de qué	Il n'y a pas de quoi	[il njapɑ də kwa]
De nada	Pas de quoi	[pɑ də kwa]
¡Disculpa!	Excuse-moi!	[ɛkskyz mwa]
¡Disculpe!	Excusez-moi!	[ɛkskyze mwa]

disculpar (vt)	excuser (vt)	[ɛkskyze]
disculparse (vr)	s'excuser (vp)	[sɛkskyze]
Mis disculpas	Mes excuses	[me zɛkskyz]
¡Perdóneme!	Pardonnez-moi!	[pardɔne mwa]
perdonar (vt)	pardonner (vt)	[pardɔne]
¡No pasa nada!	C'est pas grave	[sepagrav]
por favor	s'il vous plaît	[silvuple]
¡No se le olvide!	N'oubliez pas!	[nublije pɑ]
¡Ciertamente!	Bien sûr!	[bjɛ̃ sy:r]
¡Claro que no!	Bien sûr que non!	[bjɛ̃ syr kə nɔ̃]
¡De acuerdo!	D'accord!	[dakɔr]
¡Basta!	Ça suffit!	[sa syfi]

3. Modos del trato: Como dirigirse a otras personas

señor	monsieur	[məsjø]
señora	madame	[madam]
señorita	mademoiselle	[madmwazɛl]
joven	jeune homme	[ʒœn ɔm]
niño	petit garçon	[pti garsɔ̃]
niña	petite fille	[ptit fij]

4. Números cardinales. Unidad 1

cero	zéro	[zero]
uno	un	[œ̃]
dos	deux	[dø]
tres	trois	[trwa]
cuatro	quatre	[katr]
cinco	cinq	[sɛ̃k]
seis	six	[sis]
siete	sept	[sɛt]
ocho	huit	[ɥit]
nueve	neuf	[nœf]
diez	dix	[dis]
once	onze	[ɔ̃z]
doce	douze	[duz]
trece	treize	[trɛz]
catorce	quatorze	[katɔrz]
quince	quinze	[kɛ̃z]
dieciséis	seize	[sɛz]
diecisiete	dix-sept	[disɛt]
dieciocho	dix-huit	[dizɥit]
diecinueve	dix-neuf	[diznœf]
veinte	vingt	[vɛ̃]
veintiuno	vingt et un	[vɛ̃teœ̃]
veintidós	vingt-deux	[vɛ̃tdø]

veintitrés	vingt-trois	[vɛ̃trwa]
treinta	trente	[trɑ̃t]
treinta y uno	trente et un	[trɑ̃tœ̃]
treinta y dos	trente-deux	[trɑ̃t dø]
treinta y tres	trente-trois	[trɑ̃t trwa]

cuarenta	quarante	[karɑ̃t]
cuarenta y uno	quarante et un	[karɑ̃tœ̃]
cuarenta y dos	quarante-deux	[karɑ̃t dø]
cuarenta y tres	quarante-trois	[karɑ̃t trwa]

cincuenta	cinquante	[sɛ̃kɑ̃t]
cincuenta y uno	cinquante et un	[sɛ̃kɑ̃tœ̃]
cincuenta y dos	cinquante-deux	[sɛ̃kɑ̃t dø]
cincuenta y tres	cinquante-trois	[sɛ̃kɑ̃t trwa]

sesenta	soixante	[swasɑ̃t]
sesenta y uno	soixante et un	[swasɑ̃tœ̃]
sesenta y dos	soixante-deux	[swasɑ̃t dø]
sesenta y tres	soixante-trois	[swasɑ̃t trwa]

setenta	soixante-dix	[swasɑ̃tdis]
setenta y uno	soixante et onze	[swasɑ̃te ɔ̃z]
setenta y dos	soixante-douze	[swasɑ̃t duz]
setenta y tres	soixante-treize	[swasɑ̃t trɛz]

ochenta	quatre-vingts	[katrəvɛ̃]
ochenta y uno	quatre-vingt et un	[katrəvɛ̃tœ̃]
ochenta y dos	quatre-vingt deux	[katrəvɛ̃ dø]
ochenta y tres	quatre-vingt trois	[katrəvɛ̃ trwa]

noventa	quatre-vingt-dix	[katrəvɛ̃dis]
noventa y uno	quatre-vingt et onze	[katrəvɛ̃ teɔ̃z]
noventa y dos	quatre-vingt-douze	[katrəvɛ̃ duz]
noventa y tres	quatre-vingt-treize	[katrəvɛ̃ trɛz]

5. Números cardinales. Unidad 2

cien	cent	[sɑ̃]
doscientos	deux cents	[dø sɑ̃]
trescientos	trois cents	[trwa sɑ̃]
cuatrocientos	quatre cents	[katr sɑ̃]
quinientos	cinq cents	[sɛ̃k sɑ̃]

seiscientos	six cents	[si sɑ̃]
setecientos	sept cents	[sɛt sɑ̃]
ochocientos	huit cents	[ɥi sɑ̃]
novecientos	neuf cents	[nœf sɑ̃]

mil	mille	[mil]
dos mil	deux mille	[dø mil]
tres mil	trois mille	[trwa mil]
diez mil	dix mille	[di mil]
cien mil	cent mille	[sɑ̃ mil]

| millón (m) | million (m) | [miljɔ̃] |
| mil millones | milliard (m) | [miljar] |

6. Números ordinales

primero (adj)	premier (adj)	[prəmje]
segundo (adj)	deuxième (adj)	[døzjɛm]
tercero (adj)	troisième (adj)	[trwazjɛm]
cuarto (adj)	quatrième (adj)	[katrijɛm]
quinto (adj)	cinquième (adj)	[sɛ̃kjɛm]

sexto (adj)	sixième (adj)	[sizjɛm]
séptimo (adj)	septième (adj)	[sɛtjɛm]
octavo (adj)	huitième (adj)	[ɥitjɛm]
noveno (adj)	neuvième (adj)	[nœvjɛm]
décimo (adj)	dixième (adj)	[dizjɛm]

7. Números. Fracciones

fracción (f)	fraction (f)	[fraksjɔ̃]
un medio	un demi	[œ̃ dəmi]
un tercio	un tiers	[œ̃ tjɛr]
un cuarto	un quart	[œ̃ kar]

un octavo	un huitième	[œn ɥitjɛm]
un décimo	un dixième	[œ̃ dizjɛm]
dos tercios	deux tiers	[dø tjɛr]
tres cuartos	trois quarts	[trwa kar]

8. Números. Operaciones básicas

sustracción (f)	soustraction (f)	[sustraksjɔ̃]
sustraer (vt)	soustraire (vt)	[sustrɛr]
división (f)	division (f)	[divizjɔ̃]
dividir (vt)	diviser (vt)	[divize]

adición (f)	addition (f)	[adisjɔ̃]
sumar (totalizar)	additionner (vt)	[adisjɔne]
adicionar (vt)	additionner (vt)	[adisjɔne]
multiplicación (f)	multiplication (f)	[myltiplikasjɔ̃]
multiplicar (vt)	multiplier (vt)	[myltiplije]

9. Números. Miscelánea

cifra (f)	chiffre (m)	[ʃifr]
número (m) (~ cardinal)	nombre (m)	[nɔ̃br]
numeral (m)	adjectif (m) numéral	[adʒɛktif nymeral]
menos (m)	moins (m)	[mwɛ̃]

| más (m) | plus (m) | [ply] |
| fórmula (f) | formule (f) | [fɔrmyl] |

cálculo (m)	calcul (m)	[kalkyl]
contar (vt)	compter (vt)	[kɔ̃te]
calcular (vt)	calculer (vt)	[kalkyle]
comparar (vt)	comparer (vt)	[kɔ̃pare]

¿Cuánto?	Combien?	[kɔ̃bjɛ̃]
suma (f)	somme (f)	[sɔm]
resultado (m)	résultat (m)	[rezylta]
resto (m)	reste (m)	[rɛst]

algunos, algunas ...	quelques ...	[kɛlkə]
poco (adv)	peu de ...	[pø də]
resto (m)	reste (m)	[rɛst]
uno y medio	un et demi	[œne dəmi]
docena (f)	douzaine (f)	[duzɛn]

en dos	en deux	[ɑ̃ dø]
en partes iguales	en parties égales	[ɑ̃ parti egal]
mitad (f)	moitié (f)	[mwatje]
vez (f)	fois (f)	[fwa]

10. Los verbos más importantes. Unidad 1

abrir (vt)	ouvrir (vt)	[uvrir]
acabar, terminar (vt)	finir (vt)	[finir]
aconsejar (vt)	conseiller (vt)	[kɔ̃seje]
adivinar (vt)	deviner (vt)	[dəvine]
advertir (vt)	avertir (vt)	[avɛrtir]
alabarse, jactarse (vr)	se vanter (vp)	[sə vɑ̃te]

almorzar (vi)	déjeuner (vi)	[deʒœne]
alquilar (~ una casa)	louer (vt)	[lwe]
amenazar (vt)	menacer (vt)	[mənase]
arrepentirse (vr)	regretter (vt)	[rəgrɛte]
ayudar (vt)	aider (vt)	[ede]
bañarse (vr)	se baigner (vp)	[sə beɲe]

bromear (vi)	plaisanter (vi)	[plɛzɑ̃te]
buscar (vt)	chercher (vt)	[ʃɛrʃe]
caer (vi)	tomber (vi)	[tɔ̃be]
callarse (vr)	rester silencieux	[rɛste silɑ̃sjø]
cambiar (vt)	changer (vt)	[ʃɑ̃ʒe]
castigar, punir (vt)	punir (vt)	[pynir]

cavar (vt)	creuser (vt)	[krøze]
cazar (vi, vt)	chasser (vi, vt)	[ʃase]
cenar (vi)	dîner (vi)	[dine]
cesar (vt)	cesser (vt)	[sese]
coger (vt)	attraper (vt)	[atrape]
comenzar (vt)	commencer (vt)	[kɔmɑ̃se]
comparar (vt)	comparer (vt)	[kɔ̃pare]

comprender (vt)	comprendre (vt)	[kɔ̃prɑ̃dr]
confiar (vt)	avoir confiance	[avwar kɔ̃fjɑ̃s]
confundir (vt)	confondre (vt)	[kɔ̃fɔ̃dr]
conocer (~ a alguien)	connaître (vt)	[kɔnɛtr]
contar (vt) (enumerar)	compter (vi, vt)	[kɔ̃te]

contar con ...	compter sur ...	[kɔ̃te syr]
continuar (vt)	continuer (vt)	[kɔ̃tinɥe]
controlar (vt)	contrôler (vt)	[kɔ̃trole]
correr (vi)	courir (vt)	[kurir]
costar (vt)	coûter (vt)	[kute]
crear (vt)	créer (vt)	[kree]

11. Los verbos más importantes. Unidad 2

dar (vt)	donner (vt)	[dɔne]
dar una pista	donner un indice	[dɔne ynɛ̃dis]
decir (vt)	dire (vt)	[dir]
decorar (para la fiesta)	décorer (vt)	[dekɔre]

defender (vt)	défendre (vt)	[defɑ̃dr]
dejar caer	faire tomber	[fɛr tõbe]
desayunar (vi)	prendre le petit déjeuner	[prɑ̃dr ləpti deʒœne]
descender (vi)	descendre (vi)	[desɑ̃dr]

dirigir (administrar)	diriger (vt)	[diriʒe]
disculpar (vt)	excuser (vt)	[ɛkskyze]
disculparse (vr)	s'excuser (vp)	[sɛkskyze]
discutir (vt)	discuter (vt)	[diskyte]
dudar (vt)	douter (vt)	[dute]

encontrar (hallar)	trouver (vt)	[truve]
engañar (vi, vt)	tromper (vt)	[trõpe]
entrar (vi)	entrer (vi)	[ɑ̃tre]
enviar (vt)	envoyer (vt)	[ɑ̃vwaje]

equivocarse (vr)	se tromper (vp)	[sə trõpe]
escoger (vt)	choisir (vt)	[ʃwazir]
esconder (vt)	cacher (vt)	[kaʃe]
escribir (vt)	écrire (vt)	[ekrir]
esperar (aguardar)	attendre (vt)	[atɑ̃dr]

esperar (tener esperanza)	espérer (vi)	[ɛspere]
estar de acuerdo	être d'accord	[ɛtr dakɔr]
estudiar (vt)	étudier (vt)	[etydje]

exigir (vt)	exiger (vt)	[ɛgziʒe]
existir (vi)	exister (vi)	[ɛgziste]
explicar (vt)	expliquer (vt)	[ɛksplike]
faltar (a las clases)	manquer (vt)	[mɑ̃ke]
firmar (~ el contrato)	signer (vt)	[siɲe]

| girar (~ a la izquierda) | tourner (vi) | [turne] |
| gritar (vi) | crier (vi) | [krije] |

guardar (conservar)	garder (vt)	[garde]
gustar (vi)	plaire (vt)	[plɛr]
hablar (vi, vt)	parler (vi, vt)	[parle]
hacer (vt)	faire (vt)	[fɛr]
informar (vt)	informer (vt)	[ɛ̃fɔrme]
insistir (vi)	insister (vi)	[ɛ̃siste]
insultar (vt)	insulter (vt)	[ɛ̃sylte]
interesarse (vr)	s'intéresser (vp)	[sɛ̃terese]
invitar (vt)	inviter (vt)	[ɛ̃vite]
ir (a pie)	aller (vi)	[ale]
jugar (divertirse)	jouer (vt)	[ʒwe]

12. Los verbos más importantes. Unidad 3

leer (vi, vt)	lire (vi, vt)	[lir]
liberar (ciudad, etc.)	libérer (vt)	[libere]
llamar (por ayuda)	appeler (vt)	[aple]
llegar (vi)	venir (vi)	[vənir]
llorar (vi)	pleurer (vi)	[plœre]
matar (vt)	tuer (vt)	[tɥe]
mencionar (vt)	mentionner (vt)	[mɑ̃sjɔne]
mostrar (vt)	montrer (vt)	[mɔ̃tre]
nadar (vi)	nager (vi)	[naʒe]
negarse (vr)	se refuser (vp)	[sə rəfyze]
objetar (vt)	objecter (vt)	[ɔbʒɛkte]
observar (vt)	observer (vt)	[ɔpsɛrve]
oír (vt)	entendre (vt)	[ɑ̃tɑ̃dr]
olvidar (vt)	oublier (vt)	[ublije]
orar (vi)	prier (vt)	[prije]
ordenar (mil.)	ordonner (vt)	[ɔrdɔne]
pagar (vi, vt)	payer (vi, vt)	[peje]
pararse (vr)	s'arrêter (vp)	[sarete]
participar (vi)	participer à …	[partisipe a]
pedir (ayuda)	demander (vt)	[dəmɑ̃de]
pedir (en restaurante)	commander (vt)	[kɔmɑ̃de]
pensar (vi, vt)	penser (vi, vt)	[pɑ̃se]
percibir (ver)	apercevoir (vt)	[apɛrsəvwar]
perdonar (vt)	pardonner (vt)	[pardɔne]
permitir (vt)	permettre (vt)	[pɛrmɛtr]
pertenecer a …	appartenir à …	[apartənir a]
planear (vt)	planifier (vt)	[planifje]
poder (v aux)	pouvoir (v aux)	[puvwar]
poseer (vt)	posséder (vt)	[pɔsede]
preferir (vt)	préférer (vt)	[prefere]
preguntar (vt)	demander (vt)	[dəmɑ̃de]
preparar (la cena)	préparer (vt)	[prepare]

prever (vt)	prévoir (vt)	[prevwar]
probar, tentar (vt)	essayer (vt)	[eseje]
prometer (vt)	promettre (vt)	[prɔmɛtr]
pronunciar (vt)	prononcer (vt)	[prɔnõse]

proponer (vt)	proposer (vt)	[prɔpoze]
quebrar (vt)	casser (vt)	[kase]
quejarse (vr)	se plaindre (vp)	[sə plɛ̃dr]
querer (amar)	aimer (vt)	[eme]
querer (desear)	vouloir (vt)	[vulwar]

13. Los verbos más importantes. Unidad 4

recomendar (vt)	recommander (vt)	[rəkɔmɑ̃de]
regañar, reprender (vt)	gronder (vt), réprimander (vt)	[grõde], [reprimɑ̃de]
reírse (vr)	rire (vi)	[rir]
repetir (vt)	répéter (vt)	[repete]
reservar (~ una mesa)	réserver (vt)	[rezɛrve]
responder (vi, vt)	répondre (vi, vt)	[repõdr]

robar (vt)	voler (vt)	[vɔle]
saber (~ algo mas)	savoir (vt)	[savwar]
salir (vi)	sortir (vi)	[sɔrtir]
salvar (vt)	sauver (vt)	[sove]
seguir ...	suivre (vt)	[sɥivr]
sentarse (vr)	s'asseoir (vp)	[saswar]

ser necesario	être nécessaire	[ɛtr nesesɛr]
ser, estar (vi)	être (vi)	[ɛtr]
significar (vt)	signifier (vt)	[siɲifje]

| sonreír (vi) | sourire (vi) | [surir] |
| sorprenderse (vr) | s'étonner (vp) | [setɔne] |

| subestimar (vt) | sous-estimer (vt) | [suzɛstime] |
| tener (vt) | avoir (vt) | [avwar] |

| tener hambre | avoir faim | [avwar fɛ̃] |
| tener miedo | avoir peur | [avwar pœr] |

tener prisa	être pressé	[ɛtr prese]
tener sed	avoir soif	[avwar swaf]
tirar, disparar (vi)	tirer (vi)	[tire]
tocar (con las manos)	toucher (vt)	[tuʃe]

| tomar (vt) | prendre (vt) | [prɑ̃dr] |
| tomar nota | prendre en note | [prɑ̃dr ɑ̃ nɔt] |

trabajar (vi)	travailler (vi)	[travaje]
traducir (vt)	traduire (vt)	[tradɥir]
unir (vt)	réunir (vt)	[reynir]
vender (vt)	vendre (vt)	[vɑ̃dr]
ver (vt)	voir (vt)	[vwar]
volar (pájaro, avión)	voler (vi)	[vɔle]

14. Los colores

color (m)	couleur (f)	[kulœr]
matiz (m)	teinte (f)	[tɛ̃t]
tono (m)	ton (m)	[tɔ̃]
arco (m) iris	arc-en-ciel (m)	[arkɑ̃sjɛl]
blanco (adj)	blanc (adj)	[blɑ̃]
negro (adj)	noir (adj)	[nwar]
gris (adj)	gris (adj)	[gri]
verde (adj)	vert (adj)	[vɛr]
amarillo (adj)	jaune (adj)	[ʒon]
rojo (adj)	rouge (adj)	[ruʒ]
azul (adj)	bleu (adj)	[blø]
azul claro (adj)	bleu clair (adj)	[blø klɛr]
rosa (adj)	rose (adj)	[roz]
naranja (adj)	orange (adj)	[orɑ̃ʒ]
violeta (adj)	violet (adj)	[vjolɛ]
marrón (adj)	brun (adj)	[brœ̃]
dorado (adj)	d'or (adj)	[dor]
argentado (adj)	argenté (adj)	[arʒɑ̃te]
beige (adj)	beige (adj)	[bɛʒ]
crema (adj)	crème (adj)	[krɛm]
turquesa (adj)	turquoise (adj)	[tyrkwaz]
rojo cereza (adj)	rouge cerise (adj)	[ruʒ səriz]
lila (adj)	lilas (adj)	[lila]
carmesí (adj)	framboise (adj)	[frɑ̃bwaz]
claro (adj)	clair (adj)	[klɛr]
oscuro (adj)	foncé (adj)	[fɔ̃se]
vivo (adj)	vif (adj)	[vif]
de color (lápiz ~)	de couleur (adj)	[də kulœr]
en colores (película ~)	en couleurs (adj)	[ɑ̃ kulœr]
blanco y negro (adj)	noir et blanc (adj)	[nwar e blɑ̃]
unicolor (adj)	unicolore (adj)	[ynikolor]
multicolor (adj)	multicolore (adj)	[myltikolor]

15. Las preguntas

¿Quién?	Qui?	[ki]
¿Qué?	Quoi?	[kwa]
¿Dónde?	Où?	[u]
¿Adónde?	Où?	[u]
¿De dónde?	D'où?	[du]
¿Cuándo?	Quand?	[kɑ̃]
¿Para qué?	Pourquoi?	[purkwa]
¿Por qué?	Pourquoi?	[purkwa]
¿Por qué razón?	À quoi bon?	[a kwa bɔ̃]

¿Cómo?	Comment?	[kɔmɑ̃]
¿Qué ...? (~ color)	Quel?	[kɛl]
¿Cuál?	Lequel?	[ləkɛl]

¿A quién?	À qui?	[a ki]
¿De quién? (~ hablan ...)	De qui?	[də ki]
¿De qué?	De quoi?	[də kwa]
¿Con quién?	Avec qui?	[avɛk ki]

¿Cuánto?	Combien?	[kɔ̃bjɛ̃]
¿De quién? (~ es este ...)	À qui?	[a ki]

16. Las preposiciones

con ... (~ algn)	avec ... (prep)	[avɛk]
sin ... (~ azúcar)	sans ... (prep)	[sɑ̃]
a ... (p.ej. voy a México)	à ... (prep)	[a]
de ... (hablar ~)	de ... (prep)	[də]
antes de ...	avant ... (prep)	[avɑ̃]
delante de ...	devant ... (prep)	[dəvɑ̃]

debajo de ...	sous ... (prep)	[su]
sobre ..., encima de ...	au-dessus de ... (prep)	[odsy də]
en, sobre (~ la mesa)	sur ... (prep)	[syr]
de (origen)	de ... (prep)	[də]
de (fabricado de)	en ... (prep)	[ɑ̃]

dentro de ...	dans ... (prep)	[dɑ̃]
encima de ...	par dessus ... (prep)	[par dəsy]

17. Las palabras útiles. Los adverbios. Unidad 1

¿Dónde?	Où?	[u]
aquí (adv)	ici (adv)	[isi]
allí (adv)	là-bas (adv)	[laba]

en alguna parte	quelque part (adv)	[kɛlkə par]
en ninguna parte	nulle part (adv)	[nyl par]

junto a ...	près de ... (prep)	[prɛ də]
junto a la ventana	près de la fenêtre	[prɛdə la fənɛtr]

¿A dónde?	Où?	[u]
aquí (venga ~)	ici (adv)	[isi]
allí (vendré ~)	là-bas (adv)	[laba]
de aquí (adv)	d'ici (adv)	[disi]
de allí (adv)	de là-bas (adv)	[də laba]

cerca (no lejos)	près (adv)	[prɛ]
lejos (adv)	loin (adv)	[lwɛ̃]
cerca de ...	près de ...	[prɛ də]
al lado (de ...)	tout près (adv)	[tu prɛ]

no lejos (adv)	pas loin (adv)	[pa lwɛ̃]
izquierdo (adj)	gauche (adj)	[goʃ]
a la izquierda (situado ~)	à gauche (adv)	[agoʃ]
a la izquierda (girar ~)	à gauche (adv)	[agoʃ]

derecho (adj)	droit (adj)	[drwa]
a la derecha (situado ~)	à droite (adv)	[adrwat]
a la derecha (girar)	à droite (adv)	[adrwat]

delante (yo voy ~)	devant (adv)	[dəvɑ̃]
delantero (adj)	de devant (adj)	[də dəvɑ̃]
adelante (movimiento)	en avant (adv)	[an avɑ̃]

detrás de ...	derrière (adv)	[dɛrjɛr]
desde atrás	par derrière (adv)	[par dɛrjɛr]
atrás (da un paso ~)	en arrière (adv)	[an arjɛr]

centro (m), medio (m)	milieu (m)	[miljø]
en medio (adv)	au milieu (adv)	[omiljø]

de lado (adv)	de côté (adv)	[də kote]
en todas partes	partout (adv)	[partu]
alrededor (adv)	autour (adv)	[otur]

de dentro (adv)	de l'intérieur	[də lɛ̃terjœr]
a alguna parte	quelque part (adv)	[kɛlkə par]
todo derecho (adv)	tout droit (adv)	[tu drwa]
atrás (muévelo para ~)	en arrière (adv)	[an arjɛr]

de alguna parte (adv)	de quelque part	[də kɛlkə par]
no se sabe de dónde	de quelque part	[də kɛlkə par]

primero (adv)	premièrement (adv)	[prəmjɛrmɑ̃]
segundo (adv)	deuxièmement (adv)	[døzjɛmmɑ̃]
tercero (adv)	troisièmement (adv)	[trwazjɛmmɑ̃]

de súbito (adv)	soudain (adv)	[sudɛ̃]
al principio (adv)	au début (adv)	[odeby]
por primera vez	pour la première fois	[pur la prəmjɛr fwa]
mucho tiempo antes ...	bien avant ...	[bjɛn avɑ̃]
de nuevo (adv)	de nouveau (adv)	[də nuvo]
para siempre (adv)	pour toujours (adv)	[pur tuʒur]

jamás, nunca (adv)	jamais (adv)	[ʒamɛ]
de nuevo (adv)	de nouveau, encore (adv)	[də nuvo], [ãkɔr]
ahora (adv)	maintenant (adv)	[mɛ̃tnɑ̃]
frecuentemente (adv)	souvent (adv)	[suvɑ̃]
entonces (adv)	alors (adv)	[alɔr]
urgentemente (adv)	d'urgence (adv)	[dyrʒɑ̃s]
usualmente (adv)	d'habitude (adv)	[dabityd]

a propósito, ...	à propos, ...	[aprɔpo]
es probable	c'est possible	[sepɔsibl]
probablemente (adv)	probablement (adv)	[prɔbabləmɑ̃]
tal vez	peut-être (adv)	[pøtɛtr]
además ...	en plus, ...	[ãplys]

por eso ...	c'est pourquoi ...	[se purkwa]
a pesar de ...	malgré ...	[malgre]
gracias a ...	grâce à ...	[gras ɑ]

qué (pron)	quoi (pron)	[kwa]
que (conj)	que (conj)	[kə]
algo (~ le ha pasado)	quelque chose (pron)	[kɛlkə ʃoz]
algo (~ así)	quelque chose (pron)	[kɛlkə ʃoz]
nada (f)	rien	[rjɛ̃]

quien	qui (pron)	[ki]
alguien (viene ~)	quelqu'un (pron)	[kɛlkœ̃]
alguien (¿ha llamado ~?)	quelqu'un (pron)	[kɛlkœ̃]

nadie	personne (pron)	[pɛrsɔn]
a ninguna parte	nulle part (adv)	[nyl par]
de nadie	de personne	[də pɛrsɔn]
de alguien	de n'importe qui	[də nɛ̃pɔrt ki]

tan, tanto (adv)	comme ça (adv)	[kɔmsa]
también (~ habla francés)	également (adv)	[egalmɑ̃]
también (p.ej. Yo ~)	aussi (adv)	[osi]

18. Las palabras útiles. Los adverbios. Unidad 2

¿Por qué?	Pourquoi?	[purkwa]
no se sabe porqué	pour une certaine raison	pur yn sɛrtɛn rɛzɔ̃]
porque ...	parce que ...	[parskə]
por cualquier razón (adv)	pour une raison quelconque	[pur yn rɛzɔ̃ kɛlkɔ̃k]

y (p.ej. uno y medio)	et (conj)	[e]
o (p.ej. té o café)	ou (conj)	[u]
pero (p.ej. me gusta, ~)	mais (conj)	[mɛ]
para (p.ej. es para ti)	pour ... (prep)	[pur]

demasiado (adv)	trop (adv)	[tro]
sólo, solamente (adv)	seulement (adv)	[sœlmɑ̃]
exactamente (adv)	précisément (adv)	[presizemɑ̃]
unos ...,	près de ... (prep)	[prɛ də]
cerca de ... (~ 10 kg)		

aproximadamente	approximativement	[aprɔksimativmɑ̃]
aproximado (adj)	approximatif (adj)	[aprɔksimatif]
casi (adv)	presque (adv)	[prɛsk]
resto (m)	reste (m)	[rɛst]

el otro (adj)	l'autre (adj)	[lotr]
otro (p.ej. el otro día)	autre (adj)	[otr]
cada (adj)	chaque (adj)	[ʃak]
cualquier (adj)	n'importe quel (adj)	[nɛ̃pɔrt kɛl]
mucho (adv)	beaucoup (adv)	[boku]
muchos (mucha gente)	beaucoup de gens	[boku də ʒɑ̃]
todos	tous	[tus]

a cambio de ...	en échange de ...	[ɑn eʃɑ̃ʒ də ...]
en cambio (adv)	en échange (adv)	[ɑn eʃɑ̃ʒ]
a mano (hecho ~)	à la main (adv)	[alamɛ̃]
poco probable	peu probable	[pø prɔbabl]

probablemente	probablement (adv)	[prɔbabləmɑ̃]
a propósito (adv)	exprès (adv)	[ɛksprɛ]
por accidente (adv)	par accident (adv)	[par aksidɑ̃]

muy (adv)	très (adv)	[trɛ]
por ejemplo (adv)	par exemple (adv)	[par ɛgzɑ̃p]
entre (~ nosotros)	entre ... (prep)	[ɑ̃tr]
entre (~ otras cosas)	parmi ... (prep)	[parmi]
tanto (~ gente)	autant (adv)	[otɑ̃]
especialmente (adv)	surtout (adv)	[syrtu]

Conceptos básicos. Unidad 2

19. Los días de la semana

lunes (m)	lundi (m)	[lœ̃di]
martes (m)	mardi (m)	[mardi]
miércoles (m)	mercredi (m)	[mɛrkrədi]
jueves (m)	jeudi (m)	[ʒødi]
viernes (m)	vendredi (m)	[vãdrədi]
sábado (m)	samedi (m)	[samdi]
domingo (m)	dimanche (m)	[dimãʃ]
hoy (adv)	aujourd'hui (adv)	[oʒurdɥi]
mañana (adv)	demain (adv)	[dəmɛ̃]
pasado mañana	après-demain (adv)	[aprɛdmɛ̃]
ayer (adv)	hier (adv)	[ijɛr]
anteayer (adv)	avant-hier (adv)	[avãtjɛr]
día (m)	jour (m)	[ʒur]
día (m) de trabajo	jour (m) ouvrable	[ʒur uvrabl]
día (m) de fiesta	jour (m) férié	[ʒur ferje]
día (m) de descanso	jour (m) de repos	[ʒur də rəpo]
fin (m) de semana	week-end (m)	[wikɛnd]
todo el día	toute la journée	[tut la ʒurne]
al día siguiente	le lendemain	[lãdmɛ̃]
dos días atrás	il y a 2 jours	[ilja də ʒur]
en vísperas (adv)	la veille	[la vɛj]
diario (adj)	quotidien (adj)	[kɔtidjɛ̃]
cada día (adv)	tous les jours	[tu le ʒur]
semana (f)	semaine (f)	[səmɛn]
semana (f) pasada	la semaine dernière	[la səmɛn dɛrnjɛr]
semana (f) que viene	la semaine prochaine	[la səmɛn prɔʃɛn]
semanal (adj)	hebdomadaire (adj)	[ɛbdɔmadɛr]
cada semana (adv)	chaque semaine	[ʃak səmɛn]
2 veces por semana	2 fois par semaine	[dø fwa par səmɛn]
todos los martes	tous les mardis	[tu le mardi]

20. Las horas. El día y la noche

mañana (f)	matin (m)	[matɛ̃]
por la mañana	le matin	[lə matɛ̃]
mediodía (m)	midi (m)	[midi]
por la tarde	dans l'après-midi	[dã laprɛmidi]
noche (f)	soir (m)	[swar]
por la noche	le soir	[lə swar]

noche (f) (p.ej. 2:00 a.m.)	nuit (f)	[nɥi]
por la noche	la nuit	[la nɥi]
medianoche (f)	minuit (f)	[minɥi]

segundo (m)	seconde (f)	[səgõd]
minuto (m)	minute (f)	[minyt]
hora (f)	heure (f)	[œr]
media hora (f)	demi-heure (f)	[dəmijœr]
cuarto (m) de hora	un quart d'heure	[œ̃ kar dœr]
quince minutos	quinze minutes	[kɛ̃z minyt]
veinticuatro horas	vingt-quatre heures	[vɛ̃tkatr œr]

salida (f) del sol	lever (m) du soleil	[ləve dy sɔlɛj]
amanecer (m)	aube (f)	[ob]
madrugada (f)	point (m) du jour	[pwɛ̃ dy ʒur]
puesta (f) del sol	coucher (m) du soleil	[kuʃe dy sɔlɛj]

de madrugada	tôt le matin	[to lə matɛ̃]
esta mañana	ce matin	[sə matɛ̃]
mañana por la mañana	demain matin	[dəmɛ̃ matɛ̃]

esta tarde	cet après-midi	[sɛt aprɛmidi]
por la tarde	dans l'après-midi	[dã laprɛmidi]
mañana por la tarde	demain après-midi	[dəmɛn aprɛmidi]

| esta noche (p.ej. 8:00 p.m.) | ce soir | [sə swar] |
| mañana por la noche | demain soir | [dəmɛ̃ swar] |

a las tres en punto	à trois heures précises	[a trwa zœr presiz]
a eso de las cuatro	autour de quatre heures	[otur də katr œr]
para las doce	vers midi	[vɛr midi]

dentro de veinte minutos	dans 20 minutes	[dã vɛ̃ minyt]
dentro de una hora	dans une heure	[dãzyn œr]
a tiempo (adv)	à temps	[a tã]

... menos cuarto	... moins le quart	[mwɛ̃ lə kar]
durante una hora	en une heure	[ɑnyn œr]
cada quince minutos	tous les quarts d'heure	[tu le kar dœr]
día y noche	24 heures sur 24	[vɛ̃tkatr œr syr vɛ̃tkatr]

21. Los meses. Las estaciones

enero (m)	janvier (m)	[ʒãvje]
febrero (m)	février (m)	[fevrije]
marzo (m)	mars (m)	[mars]
abril (m)	avril (m)	[avril]
mayo (m)	mai (m)	[mɛ]
junio (m)	juin (m)	[ʒɥɛ̃]

julio (m)	juillet (m)	[ʒɥijɛ]
agosto (m)	août (m)	[ut]
septiembre (m)	septembre (m)	[separemã]
octubre (m)	octobre (m)	[ɔktɔbr]

noviembre (m)	novembre (m)	[nɔvãbr]
diciembre (m)	décembre (m)	[desãbr]
primavera (f)	printemps (m)	[prɛ̃tɑ̃]
en primavera	au printemps	[oprɛ̃tɑ̃]
de primavera (adj)	de printemps (adj)	[də prɛ̃tɑ̃]
verano (m)	été (m)	[ete]
en verano	en été	[ɑn ete]
de verano (adj)	d'été (adj)	[dete]
otoño (m)	automne (m)	[otɔn]
en otoño	en automne	[ɑn otɔn]
de otoño (adj)	d'automne (adj)	[dotɔn]
invierno (m)	hiver (m)	[ivɛr]
en invierno	en hiver	[ɑn ivɛr]
de invierno (adj)	d'hiver (adj)	[divɛr]
mes (m)	mois (m)	[mwa]
este mes	ce mois	[sə mwa]
al mes siguiente	le mois prochain	[lə mwa prɔʃɛ̃]
el mes pasado	le mois dernier	[lə mwa dɛrnje]
hace un mes	il y a un mois	[ilja œ̃ mwa]
dentro de un mes	dans un mois	[dãzœn mwa]
dentro de dos meses	dans 2 mois	[dã dø mwa]
todo el mes	tout le mois	[tu lə mwa]
todo un mes	tout un mois	[tutœ̃ mwa]
mensual (adj)	mensuel (adj)	[mãsɥɛl]
mensualmente (adv)	mensuellement	[mãsɥɛlmã]
cada mes	chaque mois	[ʃak mwa]
dos veces por mes	2 fois par mois	[dø fwa par mwa]
año (m)	année (f)	[ane]
este año	cette année	[sɛt ane]
el próximo año	l'année prochaine	[lane prɔʃɛn]
el año pasado	l'année dernière	[lane dɛrnjɛr]
hace un año	il y a un an	[ilja œnã]
dentro de un año	dans un an	[dãzœn ã]
dentro de dos años	dans deux ans	[dã dø zã]
todo el año	toute l'année	[tut lane]
todo un año	toute une année	[tutyn ane]
cada año	chaque année	[ʃak ane]
anual (adj)	annuel (adj)	[anɥɛl]
anualmente (adv)	annuellement	[anɥɛlmã]
cuatro veces por año	quatre fois par an	[katr fwa parã]
fecha (f) (la ~ de hoy es ...)	date (f)	[dat]
fecha (f) (~ de entrega)	date (f)	[dat]
calendario (m)	calendrier (m)	[kalãdrije]
medio año (m)	six mois	[si mwa]
seis meses	semestre (m)	[səmɛstr]

| estación (f) | saison (f) | [sɛzɔ̃] |
| siglo (m) | siècle (m) | [sjɛkl] |

22. Las unidades de medida

peso (m)	poids (m)	[pwa]
longitud (f)	longueur (f)	[lɔ̃gœr]
anchura (f)	largeur (f)	[larʒœr]
altura (f)	hauteur (f)	[otœr]
profundidad (f)	profondeur (f)	[prɔfɔ̃dœr]
volumen (m)	volume (m)	[vɔlym]
área (f)	aire (f)	[ɛr]

gramo (m)	gramme (m)	[gram]
miligramo (m)	milligramme (m)	[miligram]
kilogramo (m)	kilogramme (m)	[kilɔgram]
tonelada (f)	tonne (f)	[tɔn]
libra (f)	livre (f)	[livr]
onza (f)	once (f)	[ɔ̃s]

metro (m)	mètre (m)	[mɛtr]
milímetro (m)	millimètre (m)	[milimɛtr]
centímetro (m)	centimètre (m)	[sɑ̃timɛtr]
kilómetro (m)	kilomètre (m)	[kilɔmɛtr]
milla (f)	mille (m)	[mil]

pulgada (f)	pouce (m)	[pus]
pie (m)	pied (m)	[pje]
yarda (f)	yard (m)	[jard]

| metro (m) cuadrado | mètre (m) carré | [mɛtr kare] |
| hectárea (f) | hectare (m) | [ɛktar] |

litro (m)	litre (m)	[litr]
grado (m)	degré (m)	[dəgre]
voltio (m)	volt (m)	[vɔlt]
amperio (m)	ampère (m)	[ɑ̃pɛr]
caballo (m) de fuerza	cheval-vapeur (m)	[ʃəvalvapœr]

cantidad (f)	quantité (f)	[kɑ̃tite]
un poco de …	un peu de …	[œ̃ pø də]
mitad (f)	moitié (f)	[mwatje]

| docena (f) | douzaine (f) | [duzɛn] |
| pieza (f) | pièce (f) | [pjɛs] |

| dimensión (f) | dimension (f) | [dimɑ̃sjɔ̃] |
| escala (f) (del mapa) | échelle (f) | [eʃɛl] |

mínimo (adj)	minimal (adj)	[minimal]
el más pequeño (adj)	le plus petit (adj)	[lə ply pəti]
medio (adj)	moyen (adj)	[mwajɛ̃]
máximo (adj)	maximal (adj)	[maksimal]
el más grande (adj)	le plus grand (adj)	[lə ply grɑ̃]

23. Contenedores

Español	Francés	Pronunciación
tarro (m) de vidrio	bocal (m) en verre	[bɔkal ɑ̃ vɛr]
lata (f) de hojalata	boîte, canette (f)	[bwat], [kanɛt]
cubo (m)	seau (m)	[so]
barril (m)	tonneau (m)	[tɔno]
palangana (f)	bassine, cuvette (f)	[basin], [kyvɛt]
tanque (m)	cuve (f)	[kyv]
petaca (f) (de alcohol)	flasque (f)	[flask]
bidón (m) de gasolina	jerrican (m)	[ʒerikan]
cisterna (f)	citerne (f)	[sitɛrn]
taza (f) (mug de cerámica)	tasse (f), mug (m)	[tɑs], [mʌg]
taza (f) (~ de café)	tasse (f)	[tɑs]
platillo (m)	soucoupe (f)	[sukup]
vaso (m) (~ de agua)	verre (m)	[vɛr]
copa (f) (~ de vino)	verre (m) à vin	[vɛr a vɛ̃]
olla (f)	faitout (m)	[fɛtu]
botella (f)	bouteille (f)	[butɛj]
cuello (m) de botella	goulot (m)	[gulo]
garrafa (f)	carafe (f)	[karaf]
jarro (m) (~ de agua)	pichet (m)	[piʃɛ]
recipiente (m)	récipient (m)	[resipjɑ̃]
tarro (m)	pot (m)	[po]
florero (m)	vase (m)	[vaz]
frasco (m) (~ de perfume)	flacon (m)	[flakɔ̃]
frasquito (m)	fiole (f)	[fjɔl]
tubo (m)	tube (m)	[tyb]
saco (m) (~ de azúcar)	sac (m)	[sak]
bolsa (f) (~ plástica)	sac (m)	[sak]
paquete (m) (~ de cigarrillos)	paquet (m)	[pakɛ]
caja (f)	boîte (f)	[bwat]
cajón (m) (~ de madera)	caisse (f)	[kɛs]
cesta (f)	panier (m)	[panje]

EL SER HUMANO

El ser humano. El cuerpo

24. La cabeza

cabeza (f)	tête (f)	[tɛt]
cara (f)	visage (m)	[vizaʒ]
nariz (f)	nez (m)	[ne]
boca (f)	bouche (f)	[buʃ]
ojo (m)	œil (m)	[œj]
ojos (m pl)	les yeux	[lezjø]
pupila (f)	pupille (f)	[pypij]
ceja (f)	sourcil (m)	[sursi]
pestaña (f)	cil (m)	[sil]
párpado (m)	paupière (f)	[popjɛr]
lengua (f)	langue (f)	[lɑ̃g]
diente (m)	dent (f)	[dɑ̃]
labios (m pl)	lèvres (f pl)	[lɛvr]
pómulos (m pl)	pommettes (f pl)	[pɔmɛt]
encía (f)	gencive (f)	[ʒɑ̃siv]
paladar (m)	palais (m)	[palɛ]
ventanas (f pl)	narines (f pl)	[narin]
mentón (m)	menton (m)	[mɑ̃tɔ̃]
mandíbula (f)	mâchoire (f)	[mɑʃwar]
mejilla (f)	joue (f)	[ʒu]
frente (f)	front (m)	[frɔ̃]
sien (f)	tempe (f)	[tɑ̃p]
oreja (f)	oreille (f)	[ɔrɛj]
nuca (f)	nuque (f)	[nyk]
cuello (m)	cou (m)	[ku]
garganta (f)	gorge (f)	[gɔrʒ]
pelo, cabello (m)	cheveux (m pl)	[ʃəvø]
peinado (m)	coiffure (f)	[kwafyr]
corte (m) de pelo	coupe (f)	[kup]
peluca (f)	perruque (f)	[peryk]
bigote (m)	moustache (f)	[mustaʃ]
barba (f)	barbe (f)	[barb]
tener (~ la barba)	porter (vt)	[pɔrte]
trenza (f)	tresse (f)	[trɛs]
patillas (f pl)	favoris (m pl)	[favɔri]
pelirrojo (adj)	roux (adj)	[ru]
gris, canoso (adj)	gris (adj)	[gri]

| calvo (adj) | chauve (adj) | [ʃov] |
| calva (f) | calvitie (f) | [kalvisi] |

| cola (f) de caballo | queue (f) de cheval | [kø də ʃəval] |
| flequillo (m) | frange (f) | [frɑ̃ʒ] |

25. El cuerpo

| mano (f) | main (f) | [mɛ̃] |
| brazo (m) | bras (m) | [bra] |

dedo (m)	doigt (m)	[dwa]
dedo (m) del pie	orteil (m)	[ɔrtɛj]
dedo (m) pulgar	pouce (m)	[pus]
dedo (m) meñique	petit doigt (m)	[pəti dwa]
uña (f)	ongle (m)	[ɔ̃gl]

puño (m)	poing (m)	[pwɛ̃]
palma (f)	paume (f)	[pom]
muñeca (f)	poignet (m)	[pwaɲɛ]
antebrazo (m)	avant-bras (m)	[avɑ̃bra]
codo (m)	coude (m)	[kud]
hombro (m)	épaule (f)	[epol]

pierna (f)	jambe (f)	[ʒɑ̃b]
planta (f)	pied (m)	[pje]
rodilla (f)	genou (m)	[ʒənu]
pantorrilla (f)	mollet (m)	[mɔlɛ]
cadera (f)	hanche (f)	[ɑ̃ʃ]
talón (m)	talon (m)	[talɔ̃]

cuerpo (m)	corps (m)	[kɔr]
vientre (m)	ventre (m)	[vɑ̃tr]
pecho (m)	poitrine (f)	[pwatrin]
seno (m)	sein (m)	[sɛ̃]
lado (m), costado (m)	côté (m)	[kote]
espalda (f)	dos (m)	[do]
zona (f) lumbar	reins (m pl),	[rɛn],
	région (f) lombaire	[reʒjɔ̃ lɔ̃bɛr]
cintura (f), talle (m)	taille (f)	[taj]

ombligo (m)	nombril (m)	[nɔ̃bril]
nalgas (f pl)	fesses (f pl)	[fɛs]
trasero (m)	derrière (m)	[dɛrjɛr]

lunar (m)	grain (m) de beauté	[grɛ̃ də bote]
marca (f) de nacimiento	tache (f) de vin	[taʃ də vɛ̃]
tatuaje (m)	tatouage (m)	[tatwaʒ]
cicatriz (f)	cicatrice (f)	[sikatris]

La ropa y los accesorios

26. La ropa exterior. Los abrigos

ropa (f), vestido (m)	vêtement (m)	[vɛtmɑ̃]
ropa (f) de calle	survêtement (m)	[syrvɛtmɑ̃]
ropa (f) de invierno	vêtement (m) d'hiver	[vɛtmɑ̃ divɛr]
abrigo (m)	manteau (m)	[mɑ̃to]
abrigo (m) de piel	manteau (m) de fourrure	[mɑ̃to də furyr]
abrigo (m) corto de piel	veste (f) en fourrure	[vɛst ɑ̃ furyr]
plumón (m)	manteau (m) de duvet	[manto də dyvɛ]
cazadora (f)	veste (f)	[vɛst]
impermeable (m)	imperméable (m)	[ɛ̃pɛrmeabl]
impermeable (adj)	imperméable (adj)	[ɛ̃pɛrmeabl]

27. Men's & women's clothing

camisa (f)	chemise (f)	[ʃəmiz]
pantalones (m pl)	pantalon (m)	[pɑ̃talɔ̃]
jeans, vaqueros (m pl)	jean (m)	[dʒin]
chaqueta (f), saco (m)	veston (m)	[vɛstɔ̃]
traje (m)	complet (m)	[kɔ̃plɛ]
vestido (m)	robe (f)	[rɔb]
falda (f)	jupe (f)	[ʒyp]
blusa (f)	chemisette (f)	[ʃəmizɛt]
rebeca (f), chaqueta (f) de punto	veste (f) en laine	[vɛst ɑ̃ lɛn]
chaqueta (f)	jaquette (f), blazer (m)	[ʒakɛt], [blazɛr]
camiseta (f) (T-shirt)	tee-shirt (m)	[tiʃœrt]
shorts (m pl)	short (m)	[ʃɔrt]
traje (m) deportivo	costume (m) de sport	[kɔstym də spɔr]
bata (f) de baño	peignoir (m) de bain	[pɛɲwar də bɛ̃]
pijama (f)	pyjama (m)	[piʒama]
jersey (m), suéter (m)	chandail (m)	[ʃɑ̃daj]
pulóver (m)	pull-over (m)	[pylɔvɛr]
chaleco (m)	gilet (m)	[ʒilɛ]
frac (m)	queue-de-pie (f)	[kødpi]
esmoquin (m)	smoking (m)	[smɔkiŋ]
uniforme (m)	uniforme (m)	[ynifɔrm]
ropa (f) de trabajo	tenue (f) de travail	[təny də travaj]
mono (m)	salopette (f)	[salɔpɛt]
bata (f) (p. ej. ~ blanca)	blouse (f)	[bluz]

28. La ropa. La ropa interior

ropa (f) interior	sous-vêtements (m pl)	[suvɛtmã]
bóxer (m)	boxer (m)	[bɔksɛr]
bragas (f pl)	slip (m) de femme	[slip də fam]
camiseta (f) interior	maillot (m) de corps	[majo də kɔr]
calcetines (m pl)	chaussettes (f pl)	[ʃosɛt]
camisón (m)	chemise (f) de nuit	[ʃəmiz də nɥi]
sostén (m)	soutien-gorge (m)	[sutjɛ̃gɔrʒ]
calcetines (m pl) altos	chaussettes (f pl) hautes	[ʃosɛt ot]
pantimedias (f pl)	collants (m pl)	[kɔlɑ̃]
medias (f pl)	bas (m pl)	[ba]
traje (m) de baño	maillot (m) de bain	[majo də bɛ̃]

29. Gorras

gorro (m)	chapeau (m)	[ʃapo]
sombrero (m) de fieltro	chapeau (m) feutre	[ʃapo føtr]
gorra (f) de béisbol	casquette (f) de base-ball	[kaskɛt də bɛzbol]
gorra (f) plana	casquette (f)	[kaskɛt]
boina (f)	béret (m)	[berɛ]
capuchón (m)	capuche (f)	[kapyʃ]
panamá (m)	panama (m)	[panama]
gorro (m) de punto	bonnet (m) de laine	[bɔnɛ də lɛn]
pañuelo (m)	foulard (m)	[fular]
sombrero (m) de mujer	chapeau (m) de femme	[ʃapo də fam]
casco (m) (~ protector)	casque (m)	[kask]
gorro (m) de campaña	calot (m)	[kalo]
casco (m) (~ de moto)	casque (m)	[kask]
bombín (m)	melon (m)	[məlɔ̃]
sombrero (m) de copa	haut-de-forme (m)	[o də fɔrm]

30. El calzado

calzado (m)	chaussures (f pl)	[ʃosyr]
botas (f pl)	bottines (f pl)	[botin]
zapatos (m pl) (~ de tacón bajo)	souliers (m pl)	[sulje]
botas (f pl) altas	bottes (f pl)	[bɔt]
zapatillas (f pl)	chaussons (m pl)	[ʃosɔ̃]
tenis (m pl)	tennis (m pl)	[tenis]
zapatillas (f pl) de lona	baskets (f pl)	[baskɛt]
sandalias (f pl)	sandales (f pl)	[sɑ̃dal]
zapatero (m)	cordonnier (m)	[kɔrdɔnje]
tacón (m)	talon (m)	[talɔ̃]

par (m)	paire (f)	[pɛr]
cordón (m)	lacet (m)	[lase]
encordonar (vt)	lacer (vt)	[lase]
calzador (m)	chausse-pied (m)	[ʃospje]
betún (m)	cirage (m)	[siraʒ]

31. Accesorios personales

guantes (m pl)	gants (m pl)	[gã]
manoplas (f pl)	moufles (f pl)	[mufl]
bufanda (f)	écharpe (f)	[eʃarp]

gafas (f pl)	lunettes (f pl)	[lynɛt]
montura (f)	monture (f)	[mõtyr]
paraguas (m)	parapluie (m)	[paraplɥi]
bastón (m)	canne (f)	[kan]
cepillo (m) de pelo	brosse (f) à cheveux	[brɔs a ʃəvø]
abanico (m)	éventail (m)	[evãtaj]

corbata (f)	cravate (f)	[kravat]
pajarita (f)	nœud papillon (m)	[nø papijõ]
tirantes (m pl)	bretelles (f pl)	[brətɛl]
moquero (m)	mouchoir (m)	[muʃwar]

peine (m)	peigne (m)	[pɛɲ]
pasador (m) de pelo	barrette (f)	[barɛt]
horquilla (f)	épingle (f) à cheveux	[epɛ̃gl a ʃəvø]
hebilla (f)	boucle (f)	[bukl]

cinturón (m)	ceinture (f)	[sɛ̃tyr]
correa (f) (de bolso)	bandoulière (f)	[bãduljɛr]

bolsa (f)	sac (m)	[sak]
bolso (m)	sac (m) à main	[sak a mɛ̃]
mochila (f)	sac (m) à dos	[sak a do]

32. La ropa. Miscelánea

moda (f)	mode (f)	[mɔd]
de moda (adj)	à la mode (adj)	[alamɔd]
diseñador (m) de moda	couturier (m),	[kutyrje],
	créateur (m) de mode	[kreatœr də mɔd]

cuello (m)	col (m)	[kɔl]
bolsillo (m)	poche (f)	[pɔʃ]
de bolsillo (adj)	de poche (adj)	[də pɔʃ]
manga (f)	manche (f)	[mãʃ]
presilla (f)	bride (f)	[brid]
bragueta (f)	braguette (f)	[bragɛt]

cremallera (f)	fermeture (f) à glissière	[fɛrmətyr a glisjɛr]
cierre (m)	agrafe (f)	[agraf]

botón (m)	bouton (m)	[butɔ̃]
ojal (m)	boutonnière (f)	[butɔnjɛr]
saltar (un botón)	sauter (vi)	[sote]

coser (vi, vt)	coudre (vi, vt)	[kudr]
bordar (vt)	broder (vt)	[brɔde]
bordado (m)	broderie (f)	[brɔdri]
aguja (f)	aiguille (f)	[eɡyij]
hilo (m)	fil (m)	[fil]
costura (f)	couture (f)	[kutyr]

ensuciarse (vr)	se salir (vp)	[sə salir]
mancha (f)	tache (f)	[taʃ]
arrugarse (vr)	se froisser (vp)	[sə frwase]
rasgar (vt)	déchirer (vt)	[deʃire]
polilla (f)	mite (f)	[mit]

33. Productos personales. Cosméticos

pasta (f) de dientes	dentifrice (m)	[dɑ̃tifris]
cepillo (m) de dientes	brosse (f) à dents	[brɔs ɑ dɑ̃]
limpiarse los dientes	se brosser les dents	[sə brɔse le dɑ̃]

maquinilla (f) de afeitar	rasoir (m)	[razwar]
crema (f) de afeitar	crème (f) à raser	[krɛm ɑ raze]
afeitarse (vr)	se raser (vp)	[sə raze]

| jabón (m) | savon (m) | [savɔ̃] |
| champú (m) | shampooing (m) | [ʃɑ̃pwɛ̃] |

tijeras (f pl)	ciseaux (m pl)	[sizo]
lima (f) de uñas	lime (f) à ongles	[lim ɑ ɔ̃gl]
cortaúñas (m pl)	pinces (f pl) à ongles	[pɛ̃s ɑ ɔ̃gl]
pinzas (f pl)	pince (f)	[pɛ̃s]

cosméticos (m pl)	cosmétiques (m pl)	[kɔsmetik]
mascarilla (f)	masque (m) de beauté	[mask də bote]
manicura (f)	manucure (f)	[manykyr]
hacer la manicura	se faire les ongles	[sə fɛr le zɔ̃gl]
pedicura (f)	pédicurie (f)	[pedikyri]

neceser (m) de maquillaje	trousse (f) de toilette	[trus də twalɛt]
polvos (m pl)	poudre (f)	[pudr]
polvera (f)	poudrier (m)	[pudrije]
colorete (m), rubor (m)	fard (m) à joues	[far ɑ ʒu]

perfume (m)	parfum (m)	[parfœ̃]
agua (f) perfumada	eau (f) de toilette	[o də twalɛt]
loción (f)	lotion (f)	[losjɔ̃]
agua (f) de colonia	eau de Cologne (f)	[o də kɔlɔɲ]

sombra (f) de ojos	fard (m) à paupières	[far ɑ popjɛr]
lápiz (m) de ojos	crayon (m) à paupières	[krɛjɔ̃ ɑ popjɛr]
rímel (m)	mascara (m)	[maskara]

pintalabios (m)	rouge (m) à lèvres	[ruʒ a lɛvr]
esmalte (m) de uñas	vernis (m) à ongles	[vɛrni a ɔ̃gl]
fijador (m) (para el pelo)	laque (f) pour les cheveux	[lak pur le ʃəvø]
desodorante (m)	déodorant (m)	[deɔdɔrɑ̃]
crema (f)	crème (f)	[krɛm]
crema (f) de belleza	crème (f) pour le visage	[krɛm pur lə vizaʒ]
crema (f) de manos	crème (f) pour les mains	[krɛm pur le mɛ̃]
crema (f) antiarrugas	crème (f) anti-rides	[krɛm ɑ̃tirid]
crema (f) de día	crème (f) de jour	[krɛm də ʒur]
crema (f) de noche	crème (f) de nuit	[krɛm də nɥi]
de día (adj)	de jour (adj)	[də ʒur]
de noche (adj)	de nuit (adj)	[də nɥi]
tampón (m)	tampon (m)	[tɑ̃pɔ̃]
papel (m) higiénico	papier (m) de toilette	[papje də twalɛt]
secador (m) de pelo	sèche-cheveux (m)	[sɛʃəvø]

34. Los relojes

reloj (m)	montre (f)	[mɔ̃tr]
esfera (f)	cadran (m)	[kadrɑ̃]
aguja (f)	aiguille (f)	[egɥij]
pulsera (f)	bracelet (m)	[braslɛ]
correa (f) (del reloj)	bracelet (m)	[braslɛ]
pila (f)	pile (f)	[pil]
descargarse (vr)	être déchargé	[ɛtr deʃarʒe]
cambiar la pila	changer de pile	[ʃɑ̃ʒe də pil]
adelantarse (vr)	avancer (vi)	[avɑ̃se]
retrasarse (vr)	retarder (vi)	[rətarde]
reloj (m) de pared	pendule (f)	[pɑ̃dyl]
reloj (m) de arena	sablier (m)	[sablije]
reloj (m) de sol	cadran (m) solaire	[kadrɑ̃ sɔlɛr]
despertador (m)	réveil (m)	[revɛj]
relojero (m)	horloger (m)	[ɔrlɔʒe]
reparar (vt)	réparer (vt)	[repare]

La comida y la nutrición

35. La comida

carne (f)	viande (f)	[vjãd]
gallina (f)	poulet (m)	[pulɛ]
pollo (m)	poulet (m)	[pulɛ]
pato (m)	canard (m)	[kanar]
ganso (m)	oie (f)	[wa]
caza (f) menor	gibier (m)	[ʒibje]
pava (f)	dinde (f)	[dɛ̃d]
carne (f) de cerdo	du porc	[dy pɔr]
carne (f) de ternera	du veau	[dy vo]
carne (f) de carnero	du mouton	[dy mutõ]
carne (f) de vaca	du bœuf	[dy bœf]
conejo (m)	lapin (m)	[lapɛ̃]
salchichón (m)	saucisson (m)	[sosisõ]
salchicha (f)	saucisse (f)	[sosis]
beicon (m)	bacon (m)	[bekɔn]
jamón (m)	jambon (m)	[ʒãbõ]
jamón (m) fresco	cuisse (f)	[kɥis]
paté (m)	pâté (m)	[pɑte]
hígado (m)	foie (m)	[fwa]
carne (f) picada	farce (f)	[fars]
lengua (f)	langue (f)	[lãg]
huevo (m)	œuf (m)	[œf]
huevos (m pl)	les œufs	[lezø]
clara (f)	blanc (m) d'œuf	[blã dœf]
yema (f)	jaune (m) d'œuf	[ʒon dœf]
pescado (m)	poisson (m)	[pwasõ]
mariscos (m pl)	fruits (m pl) de mer	[frɥi də mɛr]
crustáceos (m pl)	crustacés (m pl)	[krystase]
caviar (m)	caviar (m)	[kavjar]
cangrejo (m) de mar	crabe (m)	[krab]
camarón (m)	crevette (f)	[krəvɛt]
ostra (f)	huître (f)	[ɥitr]
langosta (f)	langoustine (f)	[lãgustin]
pulpo (m)	poulpe (m)	[pulp]
calamar (m)	calamar (m)	[kalamar]
esturión (m)	esturgeon (m)	[ɛstyrʒõ]
salmón (m)	saumon (m)	[somõ]
fletán (m)	flétan (m)	[fletã]
bacalao (m)	morue (f)	[mɔry]

caballa (f)	maquereau (m)	[makro]
atún (m)	thon (m)	[tɔ̃]
anguila (f)	anguille (f)	[ãgij]
trucha (f)	truite (f)	[trɥit]
sardina (f)	sardine (f)	[sardin]
lucio (m)	brochet (m)	[broʃɛ]
arenque (m)	hareng (m)	[arã]
pan (m)	pain (m)	[pɛ̃]
queso (m)	fromage (m)	[frɔmaʒ]
azúcar (m)	sucre (m)	[sykr]
sal (f)	sel (m)	[sɛl]
arroz (m)	riz (m)	[ri]
macarrones (m pl)	pâtes (m pl)	[pɑt]
tallarines (m pl)	nouilles (f pl)	[nuj]
mantequilla (f)	beurre (m)	[bœr]
aceite (m) vegetal	huile (f) végétale	[ɥil veʒetal]
aceite (m) de girasol	huile (f) de tournesol	[ɥil də turnəsɔl]
margarina (f)	margarine (f)	[margarin]
olivas (f pl)	olives (f pl)	[ɔliv]
aceite (m) de oliva	huile (f) d'olive	[ɥil dɔliv]
leche (f)	lait (m)	[lɛ]
leche (f) condensada	lait (m) condensé	[lɛ kɔ̃dãse]
yogur (m)	yogourt (m)	[jaurt]
nata (f) agria	crème (f) aigre	[krɛm ɛgr]
nata (f) líquida	crème (f)	[krɛm]
mayonesa (f)	sauce (f) mayonnaise	[sos majɔnɛz]
crema (f) de mantequilla	crème (f) au beurre	[krɛm o bœr]
cereal molido grueso	gruau (m)	[gryo]
harina (f)	farine (f)	[farin]
conservas (f pl)	conserves (f pl)	[kɔ̃sɛrv]
copos (m pl) de maíz	pétales (m pl) de maïs	[petal də mais]
miel (f)	miel (m)	[mjɛl]
confitura (f)	confiture (f)	[kɔ̃fityr]
chicle (m)	gomme (f) à mâcher	[gɔm a mɑʃe]

36. Las bebidas

agua (f)	eau (f)	[o]
agua (f) potable	eau (f) potable	[o pɔtabl]
agua (f) mineral	eau (f) minérale	[o mineral]
sin gas	plate (adj)	[plat]
gaseoso (adj)	gazeuse (adj)	[gazøz]
con gas	pétillante (adj)	[petijãt]
hielo (m)	glace (f)	[glas]

con hielo	avec de la glace	[avɛk dəla glas]
sin alcohol	sans alcool	[sɑ̃ zalkɔl]
bebida (f) sin alcohol	boisson (f) non alcoolisée	[bwasɔ̃ nonalkɔlize]
refresco (m)	rafraîchissement (m)	[rafrɛʃismɑ̃]
limonada (f)	limonade (f)	[limɔnad]

bebidas (f pl) alcohólicas	boissons (f pl) alcoolisées	[bwasɔ̃ alkɔlize]
vino (m)	vin (m)	[vɛ̃]
vino (m) blanco	vin (m) blanc	[vɛ̃ blɑ̃]
vino (m) tinto	vin (m) rouge	[vɛ̃ ruʒ]

licor (m)	liqueur (f)	[likœr]
champaña (f)	champagne (m)	[ʃɑ̃paɲ]
vermú (m)	vermouth (m)	[vɛrmut]

whisky (m)	whisky (m)	[wiski]
vodka (m)	vodka (f)	[vɔdka]
ginebra (f)	gin (m)	[dʒin]
coñac (m)	cognac (m)	[kɔɲak]
ron (m)	rhum (m)	[rɔm]

café (m)	café (m)	[kafe]
café (m) solo	café (m) noir	[kafe nwar]
café (m) con leche	café (m) au lait	[kafe o lɛ]
capuchino (m)	cappuccino (m)	[kaputʃino]
café (m) soluble	café (m) soluble	[kafe sɔlybl]

leche (f)	lait (m)	[lɛ]
cóctel (m)	cocktail (m)	[kɔktɛl]
batido (m)	cocktail (m) au lait	[kɔktɛl o lɛ]

zumo (m), jugo (m)	jus (m)	[ʒy]
jugo (m) de tomate	jus (m) de tomate	[ʒy də tɔmat]
zumo (m) de naranja	jus (m) d'orange	[ʒy dɔrɑ̃ʒ]
zumo (m) fresco	jus (m) pressé	[ʒy prese]

cerveza (f)	bière (f)	[bjɛr]
cerveza (f) rubia	bière (f) blonde	[bjɛr blɔ̃d]
cerveza (f) negra	bière (f) brune	[bjɛr bryn]

té (m)	thé (m)	[te]
té (m) negro	thé (m) noir	[te nwar]
té (m) verde	thé (m) vert	[te vɛr]

37. Las verduras

legumbres (f pl)	légumes (m pl)	[legym]
verduras (f pl)	verdure (f)	[vɛrdyr]

tomate (m)	tomate (f)	[tɔmat]
pepino (m)	concombre (m)	[kɔ̃kɔ̃br]
zanahoria (f)	carotte (f)	[karɔt]
patata (f)	pomme (f) de terre	[pɔm də tɛr]
cebolla (f)	oignon (m)	[ɔɲɔ̃]

ajo (m)	ail (m)	[aj]
col (f)	chou (m)	[ʃu]
coliflor (f)	chou-fleur (m)	[ʃuflœr]
col (f) de Bruselas	chou (m) de Bruxelles	[ʃu də brysɛl]
brócoli (m)	brocoli (m)	[brɔkɔli]

remolacha (f)	betterave (f)	[bɛtrav]
berenjena (f)	aubergine (f)	[obɛrʒin]
calabacín (m)	courgette (f)	[kurʒɛt]
calabaza (f)	potiron (m)	[pɔtirõ]
nabo (m)	navet (m)	[navɛ]

perejil (m)	persil (m)	[pɛrsi]
eneldo (m)	fenouil (m)	[fənuj]
lechuga (f)	laitue (f), salade (f)	[lety], [salad]
apio (m)	céleri (m)	[sɛlri]
espárrago (m)	asperge (f)	[aspɛrʒ]
espinaca (f)	épinard (m)	[epinar]

guisante (m)	pois (m)	[pwa]
habas (f pl)	fèves (f pl)	[fɛv]
maíz (m)	maïs (m)	[mais]
fréjol (m)	haricot (m)	[ariko]

pimentón (m)	poivron (m)	[pwavrõ]
rábano (m)	radis (m)	[radi]
alcachofa (f)	artichaut (m)	[artiʃo]

38. Las frutas. Las nueces

fruto (m)	fruit (m)	[frɥi]
manzana (f)	pomme (f)	[pɔm]
pera (f)	poire (f)	[pwar]
limón (m)	citron (m)	[sitrõ]
naranja (f)	orange (f)	[ɔrãʒ]
fresa (f)	fraise (f)	[frɛz]

mandarina (f)	mandarine (f)	[mãdarin]
ciruela (f)	prune (f)	[pryn]
melocotón (m)	pêche (f)	[pɛʃ]
albaricoque (m)	abricot (m)	[abriko]
frambuesa (f)	framboise (f)	[frãbwaz]
ananás (m)	ananas (m)	[anana]

banana (f)	banane (f)	[banan]
sandía (f)	pastèque (f)	[pastɛk]
uva (f)	raisin (m)	[rɛzɛ̃]
guinda (f)	cerise (f)	[səriz]
cereza (f)	merise (f)	[məriz]
melón (m)	melon (m)	[məlõ]

pomelo (m)	pamplemousse (m)	[pãpləmus]
aguacate (m)	avocat (m)	[avɔka]
papaya (m)	papaye (f)	[papaj]

mango (m)	mangue (f)	[mãg]
granada (f)	grenade (f)	[grənad]

grosella (f) roja	groseille (f) rouge	[grozɛj ruʒ]
grosella (f) negra	cassis (m)	[kasis]
grosella (f) espinosa	groseille (f) verte	[grozɛj vɛrt]
arándano (m)	myrtille (f)	[mirtij]
zarzamoras (f pl)	mûre (f)	[myr]

pasas (f pl)	raisin (m) sec	[rɛzɛ̃ sɛk]
higo (m)	figue (f)	[fig]
dátil (m)	datte (f)	[dat]

cacahuete (m)	cacahuète (f)	[kakawɛt]
almendra (f)	amande (f)	[amãd]
nuez (f)	noix (f)	[nwa]
avellana (f)	noisette (f)	[nwazɛt]
nuez (f) de coco	noix (f) de coco	[nwa də kɔkɔ]
pistachos (m pl)	pistaches (f pl)	[pistaʃ]

39. El pan. Los dulces

pasteles (m pl)	confiserie (f)	[kɔ̃fizri]
pan (m)	pain (m)	[pɛ̃]
galletas (f pl)	biscuit (m)	[biskɥi]

chocolate (m)	chocolat (m)	[ʃɔkɔla]
de chocolate (adj)	en chocolat (adj)	[ɑ̃ ʃɔkɔla]
caramelo (m)	bonbon (m)	[bɔ̃bɔ̃]
tarta (f) (pequeña)	gâteau (m)	[gato]
tarta (f) (~ de cumpleaños)	tarte (f)	[tart]

pastel (m) (~ de manzana)	gâteau (m)	[gato]
relleno (m)	garniture (f)	[garnityr]

confitura (f)	confiture (f)	[kɔ̃fityr]
mermelada (f)	marmelade (f)	[marməlad]
gofre (m)	gaufre (f)	[gofr]
helado (m)	glace (f)	[glas]
pudín (f)	pudding (m)	[pudiŋ]

40. Los platos al horno

plato (m)	plat (m)	[pla]
cocina (f)	cuisine (f)	[kɥizin]
receta (f)	recette (f)	[rəsɛt]
porción (f)	portion (f)	[pɔrsjɔ̃]

ensalada (f)	salade (f)	[salad]
sopa (f)	soupe (f)	[sup]
caldo (m)	bouillon (m)	[bujɔ̃]
bocadillo (m)	sandwich (m)	[sɑ̃dwitʃ]

huevos (m pl) fritos	les œufs brouillés	[lezø bruje]
hamburguesa (f)	hamburger (m)	[ãbœrgœr]
bistec (m)	steak (m)	[stɛk]
guarnición (f)	garniture (f)	[garnityr]
espagueti (m)	spaghettis (m pl)	[spagɛti]
puré (m) de patatas	purée (f)	[pyre]
pizza (f)	pizza (f)	[pidza]
gachas (f pl)	bouillie (f)	[buji]
tortilla (f) francesa	omelette (f)	[ɔmlɛt]
cocido en agua (adj)	cuit à l'eau (adj)	[kɥitalo]
ahumado (adj)	fumé (adj)	[fyme]
frito (adj)	frit (adj)	[fri]
seco (adj)	sec (adj)	[sɛk]
congelado (adj)	congelé (adj)	[kɔ̃ʒle]
marinado (adj)	mariné (adj)	[marine]
azucarado (adj)	sucré (adj)	[sykre]
salado (adj)	salé (adj)	[sale]
frío (adj)	froid (adj)	[frwa]
caliente (adj)	chaud (adj)	[ʃo]
amargo (adj)	amer (adj)	[amɛr]
sabroso (adj)	bon (adj)	[bɔ̃]
cocer en agua	cuire à l'eau	[kɥir a lo]
preparar (la cena)	préparer (vt)	[prepare]
freír (vt)	faire frire	[fɛr frir]
calentar (vt)	réchauffer (vt)	[reʃofe]
salar (vt)	saler (vt)	[sale]
poner pimienta	poivrer (vt)	[pwavre]
rallar (vt)	râper (vt)	[rape]
piel (f)	peau (f)	[po]
pelar (vt)	éplucher (vt)	[eplyʃe]

41. Las especias

sal (f)	sel (m)	[sɛl]
salado (adj)	salé (adj)	[sale]
salar (vt)	saler (vt)	[sale]
pimienta (f) negra	poivre (m) noir	[pwavr nwar]
pimienta (f) roja	poivre (m) rouge	[pwavr ruʒ]
mostaza (f)	moutarde (f)	[mutard]
rábano (m) picante	raifort (m)	[rɛfɔr]
condimento (m)	condiment (m)	[kɔ̃dimã]
especia (f)	épice (f)	[epis]
salsa (f)	sauce (f)	[sos]
vinagre (m)	vinaigre (m)	[vinɛgr]
anís (m)	anis (m)	[ani(s)]
albahaca (f)	basilic (m)	[bazilik]

clavo (m)	clou (m) de girofle	[klu də ʒirɔfl]
jengibre (m)	gingembre (m)	[ʒɛ̃ʒãbr]
cilantro (m)	coriandre (m)	[kɔrjãdr]
canela (f)	cannelle (f)	[kanɛl]

sésamo (m)	sésame (m)	[sezam]
hoja (f) de laurel	feuille (f) de laurier	[fœj də lɔrje]
paprika (f)	paprika (m)	[paprika]
comino (m)	cumin (m)	[kymɛ̃]
azafrán (m)	safran (m)	[safrã]

42. Las comidas

comida (f)	nourriture (f)	[nurityr]
comer (vi, vt)	manger (vi, vt)	[mãʒe]

desayuno (m)	petit déjeuner (m)	[pəti deʒœne]
desayunar (vi)	prendre le petit déjeuner	[prãdr ləpti deʒœne]
almuerzo (m)	déjeuner (m)	[deʒœne]
almorzar (vi)	déjeuner (vi)	[deʒœne]
cena (f)	dîner (m)	[dine]
cenar (vi)	dîner (vi)	[dine]

apetito (m)	appétit (m)	[apeti]
¡Que aproveche!	Bon appétit!	[bɔn apeti]

abrir (vt)	ouvrir (vt)	[uvrir]
derramar (líquido)	renverser (vt)	[rãvɛrse]
derramarse (líquido)	se renverser (vp)	[sə rãvɛrse]

hervir (vi)	bouillir (vi)	[bujir]
hervir (vt)	faire bouillir	[fɛr bujir]
hervido (agua ~a)	bouilli (adj)	[buji]

enfriar (vt)	refroidir (vt)	[rəfrwadir]
enfriarse (vr)	se refroidir (vp)	[sə rəfrwadir]

sabor (m)	goût (m)	[gu]
regusto (m)	arrière-goût (m)	[arjɛrgu]

adelgazar (vi)	suivre un régime	[sɥivr œ̃ reʒim]
dieta (f)	régime (m)	[reʒim]
vitamina (f)	vitamine (f)	[vitamin]
caloría (f)	calorie (f)	[kalɔri]

vegetariano (m)	végétarien (m)	[veʒetarjɛ̃]
vegetariano (adj)	végétarien (adj)	[veʒetarjɛ̃]

grasas (f pl)	lipides (m pl)	[lipid]
proteínas (f pl)	protéines (f pl)	[prɔtein]
carbohidratos (m pl)	glucides (m pl)	[glysid]
loncha (f)	tranche (f)	[trãʃ]
pedazo (m)	morceau (m)	[mɔrso]
miga (f)	miette (f)	[mjɛt]

43. Los cubiertos

cuchara (f)	cuillère (f)	[kɥijɛr]
cuchillo (m)	couteau (m)	[kuto]
tenedor (m)	fourchette (f)	[furʃɛt]
taza (f)	tasse (f)	[tɑs]
plato (m)	assiette (f)	[asjɛt]
platillo (m)	soucoupe (f)	[sukup]
servilleta (f)	serviette (f)	[sɛrvjɛt]
mondadientes (m)	cure-dent (m)	[kyrdɑ̃]

44. El restaurante

restaurante (m)	restaurant (m)	[rɛstɔrɑ̃]
cafetería (f)	salon (m) de café	[salɔ̃ də kafe]
bar (m)	bar (m)	[bar]
salón (m) de té	salon (m) de thé	[salɔ̃ də te]
camarero (m)	serveur (m)	[sɛrvœr]
camarera (f)	serveuse (f)	[sɛrvøz]
barman (m)	barman (m)	[barman]
carta (f), menú (m)	carte (f)	[kart]
carta (f) de vinos	carte (f) des vins	[kart de vɛ̃]
reservar una mesa	réserver une table	[rezɛrve yn tabl]
plato (m)	plat (m)	[pla]
pedir (vt)	commander (vt)	[kɔmɑ̃de]
hacer el pedido	faire la commande	[fɛr la kɔmɑ̃d]
aperitivo (m)	apéritif (m)	[aperitif]
entremés (m)	hors-d'œuvre (m)	[ɔrdœvr]
postre (m)	dessert (m)	[desɛr]
cuenta (f)	addition (f)	[adisjɔ̃]
pagar la cuenta	régler l'addition	[regle ladisjɔ̃]
dar la vuelta	rendre la monnaie	[rɑ̃dr la mɔnɛ]
propina (f)	pourboire (m)	[purbwar]

La familia nuclear, los parientes y los amigos

45. La información personal. Los formularios

nombre (m)	prénom (m)	[prenɔ̃]
apellido (m)	nom (m) de famille	[nɔ̃ də famij]
fecha (f) de nacimiento	date (f) de naissance	[dat də nɛsɑ̃s]
lugar (m) de nacimiento	lieu (m) de naissance	[ljø də nɛsɑ̃s]
nacionalidad (f)	nationalité (f)	[nasjɔnalite]
domicilio (m)	domicile (m)	[dɔmisil]
país (m)	pays (m)	[pei]
profesión (f)	profession (f)	[prɔfɛsjɔ̃]
sexo (m)	sexe (m)	[sɛks]
estatura (f)	taille (f)	[taj]
peso (m)	poids (m)	[pwa]

46. Los familiares. Los parientes

madre (f)	mère (f)	[mɛr]
padre (m)	père (m)	[pɛr]
hijo (m)	fils (m)	[fis]
hija (f)	fille (f)	[fij]
hija (f) menor	fille (f) cadette	[fij kadɛt]
hijo (m) menor	fils (m) cadet	[fis kadɛ]
hija (f) mayor	fille (f) aînée	[fij ene]
hijo (m) mayor	fils (m) aîné	[fis ene]
hermano (m)	frère (m)	[frɛr]
hermana (f)	sœur (f)	[sœr]
primo (m)	cousin (m)	[kuzɛ̃]
prima (f)	cousine (f)	[kuzin]
mamá (f)	maman (f)	[mamɑ̃]
papá (m)	papa (m)	[papa]
padres (m pl)	parents (pl)	[parɑ̃]
niño -a (m, f)	enfant (m, f)	[ɑ̃fɑ̃]
niños (m pl)	enfants (pl)	[ɑ̃fɑ̃]
abuela (f)	grand-mère (f)	[grɑ̃mɛr]
abuelo (m)	grand-père (m)	[grɑ̃pɛr]
nieto (m)	petit-fils (m)	[pti fis]
nieta (f)	petite-fille (f)	[ptit fij]
nietos (m pl)	petits-enfants (pl)	[pətizɑ̃fɑ̃]
tío (m)	oncle (m)	[ɔ̃kl]
tía (f)	tante (f)	[tɑ̃t]

| sobrino (m) | neveu (m) | [nəvø] |
| sobrina (f) | nièce (f) | [njɛs] |

suegra (f)	belle-mère (f)	[bɛlmɛr]
suegro (m)	beau-père (m)	[bopɛr]
yerno (m)	gendre (m)	[ʒɑ̃dr]
madrastra (f)	belle-mère, marâtre (f)	[bɛlmɛr], [marɑtr]
padrastro (m)	beau-père (m)	[bopɛr]

niño (m) de pecho	nourrisson (m)	[nurisɔ̃]
bebé (m)	bébé (m)	[bebe]
chico (m)	petit (m)	[pti]

mujer (f)	femme (f)	[fam]
marido (m)	mari (m)	[mari]
esposo (m)	époux (m)	[epu]
esposa (f)	épouse (f)	[epuz]

casado (adj)	marié (adj)	[marje]
casada (adj)	mariée (adj)	[marje]
soltero (adj)	célibataire (adj)	[selibatɛr]
soltero (m)	célibataire (m)	[selibatɛr]
divorciado (adj)	divorcé (adj)	[divɔrse]
viuda (f)	veuve (f)	[vœv]
viudo (m)	veuf (m)	[vœf]

pariente (m)	parent (m)	[parɑ̃]
pariente (m) cercano	parent (m) proche	[parɑ̃ prɔʃ]
pariente (m) lejano	parent (m) éloigné	[parɑ̃ elwaɲe]
parientes (m pl)	parents (m pl)	[parɑ̃]

huérfano (m)	orphelin (m)	[ɔrfəlɛ̃]
huérfana (f)	orpheline (f)	[ɔrfəlin]
tutor (m)	tuteur (m)	[tytœr]
adoptar (un niño)	adopter (vt)	[adɔpte]
adoptar (una niña)	adopter (vt)	[adɔpte]

La medicina

47. Las enfermedades

enfermedad (f)	maladie (f)	[maladi]
estar enfermo	être malade	[ɛtr malad]
salud (f)	santé (f)	[sãte]
resfriado (m) (coriza)	rhume (m)	[rym]
angina (f)	angine (f)	[ãʒin]
resfriado (m)	refroidissement (m)	[rəfrwadismã]
resfriarse (vr)	prendre froid	[prãdr frwa]
bronquitis (f)	bronchite (f)	[brɔ̃ʃit]
pulmonía (f)	pneumonie (f)	[pnømɔni]
gripe (f)	grippe (f)	[grip]
miope (adj)	myope (adj)	[mjɔp]
présbita (adj)	presbyte (adj)	[prɛsbit]
estrabismo (m)	strabisme (m)	[strabism]
estrábico (m) (adj)	strabique (adj)	[strabik]
catarata (f)	cataracte (f)	[katarakt]
glaucoma (f)	glaucome (m)	[glokom]
insulto (m)	insulte (f)	[ɛ̃sylt]
ataque (m) cardiaco	crise (f) cardiaque	[kriz kardjak]
infarto (m) de miocardio	infarctus (m) de myocarde	[ɛ̃farktys də mjɔkard]
parálisis (f)	paralysie (f)	[paralizi]
paralizar (vt)	paralyser (vt)	[paralize]
alergia (f)	allergie (f)	[alɛrʒi]
asma (f)	asthme (m)	[asm]
diabetes (m)	diabète (m)	[djabɛt]
dolor (m) de muelas	mal (m) de dents	[mal də dã]
caries (f)	carie (f)	[kari]
diarrea (f)	diarrhée (f)	[djare]
estreñimiento (m)	constipation (f)	[kõstipasjõ]
molestia (f) estomacal	estomac (m) barbouillé	[ɛstɔma barbuje]
envenenamiento (m)	intoxication (f) alimentaire	[ɛ̃tɔksikasjɔn alimãtɛr]
envenenarse (vr)	être intoxiqué	[ɛtr ɛ̃tɔksike]
artritis (f)	arthrite (f)	[artrit]
raquitismo (m)	rachitisme (m)	[raʃitism]
reumatismo (m)	rhumatisme (m)	[rymatism]
ateroesclerosis (f)	athérosclérose (f)	[ateroskleroz]
gastritis (f)	gastrite (f)	[gastrit]
apendicitis (f)	appendicite (f)	[apɛ̃disit]

| colecistitis (m) | cholécystite (f) | [kɔlesistit] |
| úlcera (f) | ulcère (m) | [ylsɛr] |

sarampión (m)	rougeole (f)	[ruʒɔl]
rubeola (f)	rubéole (f)	[rybeɔl]
ictericia (f)	jaunisse (f)	[ʒonis]
hepatitis (f)	hépatite (f)	[epatit]

esquizofrenia (f)	schizophrénie (f)	[skizɔfreni]
rabia (f) (hidrofobia)	rage (f)	[raʒ]
neurosis (f)	névrose (f)	[nevroz]
conmoción (m) cerebral	commotion (f) cérébrale	[kɔmɔsjõ serebral]

cáncer (m)	cancer (m)	[kãsɛr]
esclerosis (f)	sclérose (f)	[skleroz]
esclerosis (m) múltiple	sclérose (f) en plaques	[skleroz ã plak]

alcoholismo (m)	alcoolisme (m)	[alkɔlism]
alcohólico (m)	alcoolique (m)	[alkɔlik]
sífilis (f)	syphilis (f)	[sifilis]
SIDA (f)	SIDA (m)	[sida]

tumor (m)	tumeur (f)	[tymœr]
maligno (adj)	maligne (adj)	[maliɲ]
benigno (adj)	bénigne (adj)	[beniɲ]

fiebre (f)	fièvre (f)	[fjɛvr]
malaria (f)	malaria (f)	[malarja]
gangrena (f)	gangrène (f)	[gãgrɛn]
mareo (m)	mal (m) de mer	[mal də mɛr]
epilepsia (f)	épilepsie (f)	[epilɛpsi]

epidemia (f)	épidémie (f)	[epidemi]
tifus (m)	typhus (m)	[tifys]
tuberculosis (f)	tuberculose (f)	[tybɛrkyloz]
cólera (f)	choléra (m)	[kɔlera]
peste (f)	peste (f)	[pɛst]

48. Los síntomas. Los tratamientos. Unidad 1

síntoma (m)	symptôme (m)	[sɛ̃ptom]
temperatura (f)	température (f)	[tãperatyr]
fiebre (f)	fièvre (f)	[fjɛvr]
pulso (m)	pouls (m)	[pu]

mareo (m) (vértigo)	vertige (m)	[vɛrtiʒ]
caliente (adj)	chaud (adj)	[ʃo]
escalofrío (m)	frisson (m)	[frisõ]
pálido (adj)	pâle (adj)	[pɑl]

tos (f)	toux (f)	[tu]
toser (vi)	tousser (vi)	[tuse]
estornudar (vi)	éternuer (vi)	[etɛrnɥe]
desmayo (m)	évanouissement (m)	[evanwismã]

desmayarse (vr)	s'évanouir (vp)	[sevanwir]
moradura (f)	bleu (m)	[blø]
chichón (m)	bosse (f)	[bɔs]
golpearse (vr)	se heurter (vp)	[sə œrte]
magulladura (f)	meurtrissure (f)	[mœrtrisyr]
magullarse (vr)	se faire mal	[sə fɛr mal]

cojear (vi)	boiter (vi)	[bwate]
dislocación (f)	foulure (f)	[fulyr]
dislocar (vt)	se démettre (vp)	[sə demɛtr]
fractura (f)	fracture (f)	[fraktyr]
tener una fractura	avoir une fracture	[avwar yn fraktyr]

corte (m) (tajo)	coupure (f)	[kupyr]
cortarse (vr)	se couper (vp)	[sə kupe]
hemorragia (f)	hémorragie (f)	[emɔraʒi]

| quemadura (f) | brûlure (f) | [brylyr] |
| quemarse (vr) | se brûler (vp) | [sə bryle] |

pincharse (el dedo)	se piquer (vp)	[sə pike]
pincharse (vr)	se piquer (vp)	[sə pike]
herir (vt)	blesser (vt)	[blese]
herida (f)	blessure (f)	[blesyr]
lesión (f) (herida)	blessure (f)	[blesyr]
trauma (m)	trauma (m)	[troma]

delirar (vi)	délirer (vi)	[delire]
tartamudear (vi)	bégayer (vi)	[begeje]
insolación (f)	insolation (f)	[ɛ̃sɔlasjɔ̃]

49. Los síntomas. Los tratamientos. Unidad 2

| dolor (m) | douleur (f) | [dulœr] |
| astilla (f) | écharde (f) | [eʃard] |

sudor (m)	sueur (f)	[sɥœr]
sudar (vi)	suer (vi)	[sɥe]
vómito (m)	vomissement (m)	[vɔmismɑ̃]
convulsiones (f)	spasmes (m pl)	[spasm]

embarazada (adj)	enceinte (adj)	[ɑ̃sɛ̃t]
nacer (vi)	naître (vi)	[nɛtr]
parto (m)	accouchement (m)	[akuʃmɑ̃]
dar a luz	accoucher (vt)	[akuʃe]
aborto (m)	avortement (m)	[avɔrtəmɑ̃]

respiración (f)	respiration (f)	[rɛspirasjɔ̃]
inspiración (f)	inhalation (f)	[inalasjɔ̃]
espiración (f)	expiration (f)	[ɛkspirasjɔ̃]
espirar (vi)	expirer (vi)	[ɛkspire]
inspirar (vi)	inspirer (vi)	[inale]
inválido (m)	invalide (m)	[ɛ̃valid]
mutilado (m)	handicapé (m)	[ɑ̃dikape]

drogadicto (m)	drogué (m)	[drɔge]
sordo (adj)	sourd (adj)	[sur]
mudo (adj)	muet (adj)	[mɥɛ]
sordomudo (adj)	sourd-muet (adj)	[surmɥɛ]

loco (adj)	fou (adj)	[fu]
loco (m)	fou (m)	[fu]
loca (f)	folle (f)	[fɔl]
volverse loco	devenir fou	[dəvnir fu]

gen (m)	gène (m)	[ʒɛn]
inmunidad (f)	immunité (f)	[imynite]
hereditario (adj)	héréditaire (adj)	[ereditɛr]
de nacimiento (adj)	congénital (adj)	[kɔ̃ʒenital]

virus (m)	virus (m)	[virys]
microbio (m)	microbe (m)	[mikrɔb]
bacteria (f)	bactérie (f)	[bakteri]
infección (f)	infection (f)	[ɛ̃fɛksjɔ̃]

50. Los síntomas. Los tratamientos. Unidad 3

| hospital (m) | hôpital (m) | [ɔpital] |
| paciente (m) | patient (m) | [pasjɑ̃] |

diagnosis (f)	diagnostic (m)	[djagnɔstik]
cura (f)	cure (f)	[kyr]
tratamiento (m)	traitement (m)	[trɛtmɑ̃]
curarse (vr)	se faire soigner	[sə fɛr swaɲe]
tratar (vt)	traiter (vt)	[trete]
cuidar (a un enfermo)	soigner (vt)	[swaɲe]
cuidados (m pl)	soins (m pl)	[swɛ̃]

operación (f)	opération (f)	[ɔperasjɔ̃]
vendar (vt)	panser (vt)	[pɑ̃se]
vendaje (m)	pansement (m)	[pɑ̃smɑ̃]

vacunación (f)	vaccination (f)	[vaksinasjɔ̃]
vacunar (vt)	vacciner (vt)	[vaksine]
inyección (f)	piqûre (f)	[pikyr]
aplicar una inyección	faire une piqûre	[fɛr yn pikyr]

ataque (m)	crise, attaque (f)	[kriz], [atak]
amputación (f)	amputation (f)	[ɑ̃pytasjɔ̃]
amputar (vt)	amputer (vt)	[ɑ̃pyte]
coma (m)	coma (m)	[kɔma]
estar en coma	être dans le coma	[ɛtr dɑ̃ lə kɔma]
revitalización (f)	réanimation (f)	[reanimasjɔ̃]

recuperarse (vr)	se rétablir (vp)	[sə retablir]
estado (m) (de salud)	état (m)	[eta]
consciencia (f)	conscience (f)	[kɔ̃sjɑ̃s]
memoria (f)	mémoire (f)	[memwar]
extraer (un diente)	arracher (vt)	[araʃe]

| empaste (m) | plombage (m) | [plɔ̃baʒ] |
| empastar (vt) | plomber (vt) | [plɔ̃be] |

| hipnosis (f) | hypnose (f) | [ipnoz] |
| hipnotizar (vt) | hypnotiser (vt) | [ipnɔtize] |

51. Los médicos

médico (m)	médecin (m)	[medsɛ̃]
enfermera (f)	infirmière (f)	[ɛ̃firmjɛr]
médico (m) personal	médecin (m) personnel	[medsɛ̃ pɛrsɔnɛl]

dentista (m)	dentiste (m)	[dɑ̃tist]
oftalmólogo (m)	ophtalmologiste (m)	[ɔftalmɔlɔʒist]
internista (m)	généraliste (m)	[ʒeneralist]
cirujano (m)	chirurgien (m)	[ʃiryrʒjɛ̃]

psiquiatra (m)	psychiatre (m)	[psikjatr]
pediatra (m)	pédiatre (m)	[pedjatr]
psicólogo (m)	psychologue (m)	[psikɔlɔg]
ginecólogo (m)	gynécologue (m)	[ʒinekɔlɔg]
cardiólogo (m)	cardiologue (m)	[kardjolɔg]

52. La medicina. Las drogas. Los accesorios

medicamento (m), droga (f)	médicament (m)	[medikamɑ̃]
remedio (m)	remède (m)	[rəmɛd]
prescribir (vt)	prescrire (vt)	[prɛskrir]
receta (f)	ordonnance (f)	[ɔrdɔnɑ̃s]

tableta (f)	comprimé (m)	[kɔ̃prime]
ungüento (m)	onguent (m)	[ɔ̃gɑ̃]
ampolla (f)	ampoule (f)	[ɑ̃pul]
mixtura (f), mezcla (f)	mixture (f)	[mikstyr]
sirope (m)	sirop (m)	[siro]
píldora (f)	pilule (f)	[pilyl]
polvo (m)	poudre (f)	[pudr]

venda (f)	bande (f)	[bɑ̃d]
algodón (m) (discos de ~)	coton (m)	[kɔtɔ̃]
yodo (m)	iode (m)	[jɔd]

tirita (f), curita (f)	sparadrap (m)	[sparadra]
pipeta (f)	compte-gouttes (m)	[kɔ̃tgut]
termómetro (m)	thermomètre (m)	[tɛrmɔmɛtr]
jeringa (f)	seringue (f)	[sərɛ̃g]

| silla (f) de ruedas | fauteuil (m) roulant | [fotœj rulɑ̃] |
| muletas (f pl) | béquilles (f pl) | [bekij] |

| anestésico (m) | anesthésique (m) | [anɛstezik] |
| purgante (m) | purgatif (m) | [pyrgatif] |

alcohol (m)	alcool (m)	[alkɔl]
hierba (f) medicinal	herbe (f) médicinale	[ɛrb medisinal]
de hierbas (té ~)	d'herbes (adj)	[dɛrb]

EL AMBIENTE HUMANO

La ciudad

53. La ciudad. La vida en la ciudad

ciudad (f)	ville (f)	[vil]
capital (f)	capitale (f)	[kapital]
aldea (f)	village (m)	[vilaʒ]
plano (m) de la ciudad	plan (m) de la ville	[plɑ̃ də la vil]
centro (m) de la ciudad	centre-ville (m)	[sɑ̃trəvil]
suburbio (m)	banlieue (f)	[bɑ̃ljø]
suburbano (adj)	de banlieue (adj)	[də bɑ̃ljø]
arrabal (m)	périphérie (f)	[periferi]
afueras (f pl)	alentours (m pl)	[alɑ̃tur]
barrio (m)	quartier (m)	[kartje]
zona (f) de viviendas	quartier (m) résidentiel	[kartje rezidɑ̃sjɛl]
tráfico (m)	trafic (m)	[trafik]
semáforo (m)	feux (m pl) de circulation	[fø də sirkylasjɔ̃]
transporte (m) urbano	transport (m) urbain	[trɑ̃spɔr yrbɛ̃]
cruce (m)	carrefour (m)	[karfur]
paso (m) de peatones	passage (m) piéton	[pɑsaʒ pjetɔ̃]
paso (m) subterráneo	passage (m) souterrain	[pɑsaʒ sutɛrɛ̃]
cruzar (vt)	traverser (vt)	[travɛrse]
peatón (m)	piéton (m)	[pjetɔ̃]
acera (f)	trottoir (m)	[trɔtwar]
puente (m)	pont (m)	[pɔ̃]
muelle (m)	quai (m)	[kɛ]
fuente (f)	fontaine (f)	[fɔ̃tɛn]
alameda (f)	allée (f)	[ale]
parque (m)	parc (m)	[park]
bulevar (m)	boulevard (m)	[bulvar]
plaza (f)	place (f)	[plas]
avenida (f)	avenue (f)	[avny]
calle (f)	rue (f)	[ry]
callejón (m)	ruelle (f)	[rɥɛl]
callejón (m) sin salida	impasse (f)	[ɛ̃pas]
casa (f)	maison (f)	[mɛzɔ̃]
edificio (m)	édifice (m)	[edifis]
rascacielos (m)	gratte-ciel (m)	[gratsjɛl]
fachada (f)	façade (f)	[fasad]
techo (m)	toit (m)	[twa]

ventana (f)	fenêtre (f)	[fənɛtr]
arco (m)	arc (m)	[ark]
columna (f)	colonne (f)	[kɔlɔn]
esquina (f)	coin (m)	[kwɛ̃]

escaparate (f)	vitrine (f)	[vitrin]
letrero (m) (~ luminoso)	enseigne (f)	[ɑ̃sɛɲ]
cartel (m)	affiche (f)	[afiʃ]
cartel (m) publicitario	affiche (f) publicitaire	[afiʃ pyblisitɛr]
valla (f) publicitaria	panneau-réclame (m)	[pano reklam]

basura (f)	ordures (f pl)	[ɔrdyr]
cajón (m) de basura	poubelle (f)	[pubɛl]
tirar basura	jeter ... à terre	[ʒəte ... a tɛr]
basurero (m)	décharge (f)	[deʃarʒ]

cabina (f) telefónica	cabine (f) téléphonique	[kabin telefɔnik]
farola (f)	réverbère (m)	[revɛrbɛr]
banco (m) (del parque)	banc (m)	[bɑ̃]

policía (m)	policier (m)	[pɔlisje]
policía (f) (~ nacional)	police (f)	[pɔlis]
mendigo (m)	clochard (m)	[klɔʃar]
persona (f) sin hogar	sans-abri (m)	[sɑ̃zabri]

54. Las instituciones urbanas

tienda (f)	magasin (m)	[magazɛ̃]
farmacia (f)	pharmacie (f)	[farmasi]
óptica (f)	opticien (m)	[ɔptisjɛ̃]
centro (m) comercial	centre (m) commercial	[sɑ̃tr kɔmɛrsjal]
supermercado (m)	supermarché (m)	[sypɛrmarʃe]

panadería (f)	boulangerie (f)	[bulɑ̃ʒri]
panadero (m)	boulanger (m)	[bulɑ̃ʒe]
pastelería (f)	pâtisserie (f)	[pɑtisri]
tienda (f) de comestibles	épicerie (f)	[episri]
carnicería (f)	boucherie (f)	[buʃri]

verdulería (f)	magasin (m) de légumes	[magazɛ̃ də legym]
mercado (m)	marché (m)	[marʃe]

cafetería (f)	salon (m) de café	[salɔ̃ də kafe]
restaurante (m)	restaurant (m)	[rɛstɔrɑ̃]
cervecería (f)	brasserie (f)	[brasri]
pizzería (f)	pizzeria (f)	[pidzerja]

peluquería (f)	salon (m) de coiffure	[salɔ̃ də kwafyr]
oficina (f) de correos	poste (f)	[pɔst]
tintorería (f)	pressing (m)	[presiɲ]
estudio (m) fotográfico	atelier (m) de photo	[atəlje də foto]

zapatería (f)	magasin (m) de chaussures	[magazɛ̃ də ʃosyr]
librería (f)	librairie (f)	[librɛri]

tienda (f) deportiva	magasin (m) d'articles de sport	[magazɛ̃ dartikl də spɔr]
arreglos (m pl) de ropa	atelier (m) de retouche	[atəlje də rətuʃ]
alquiler (m) de ropa	location (f) de vêtements	[lɔkasjɔ̃ də vɛtmã]
videoclub (m)	location (f) de films	[lɔkasjɔ̃ də film]
circo (m)	cirque (m)	[sirk]
zoo (m)	zoo (m)	[zoo]
cine (m)	cinéma (m)	[sinema]
museo (m)	musée (m)	[myze]
biblioteca (f)	bibliothèque (f)	[biblijɔtɛk]
teatro (m)	théâtre (m)	[teɑtr]
ópera (f)	opéra (m)	[ɔpera]
club (m) nocturno	boîte (f) de nuit	[bwat də nɥi]
casino (m)	casino (m)	[kazino]
mezquita (f)	mosquée (f)	[mɔske]
sinagoga (f)	synagogue (f)	[sinagɔg]
catedral (f)	cathédrale (f)	[katedral]
templo (m)	temple (m)	[tãpl]
iglesia (f)	église (f)	[egliz]
instituto (m)	institut (m)	[ɛ̃stity]
universidad (f)	université (f)	[ynivɛrsite]
escuela (f)	école (f)	[ekɔl]
prefectura (f)	préfecture (f)	[prefɛktyr]
alcaldía (f)	mairie (f)	[meri]
hotel (m)	hôtel (m)	[otɛl]
banco (m)	banque (f)	[bãk]
embajada (f)	ambassade (f)	[ãbasad]
agencia (f) de viajes	agence (f) de voyages	[aʒãs də vwajaʒ]
oficina (f) de información	bureau (m) d'information	[byro dɛformasjɔ̃]
oficina (f) de cambio	bureau (m) de change	[byro də ʃãʒ]
metro (m)	métro (m)	[metro]
hospital (m)	hôpital (m)	[ɔpital]
gasolinera (f)	station-service (f)	[stasjɔ̃sɛrvis]
aparcamiento (m)	parking (m)	[parkiŋ]

55. Los avisos

letrero (m) (~ luminoso)	enseigne (f)	[ãsɛɲ]
cartel (m) (texto escrito)	pancarte (f)	[pãkart]
pancarta (f)	poster (m)	[pɔstɛr]
signo (m) de dirección	indicateur (m) de direction	[ɛ̃dikatœr də dirɛksjɔ̃]
flecha (f) (signo)	flèche (f)	[flɛʃ]
advertencia (f)	avertissement (m)	[avɛrtismã]
aviso (m)	panneau (m) d'avertissement	[pano davɛrtismã]

advertir (vt)	avertir (vt)	[avɛrtir]
día (m) de descanso	jour (m) de repos	[ʒur də rəpo]
horario (m)	horaire (m)	[ɔrɛr]
horario (m) de apertura	heures (f pl) d'ouverture	[zœr duvɛrtyr]
¡BIENVENIDOS!	BIENVENUE!	[bjɛ̃vny]
ENTRADA	ENTRÉE	[ɑ̃tre]
SALIDA	SORTIE	[sɔrti]
EMPUJAR	POUSSER	[puse]
TIRAR	TIRER	[tire]
ABIERTO	OUVERT	[uvɛr]
CERRADO	FERMÉ	[fɛrme]
MUJERES	FEMMES	[fam]
HOMBRES	HOMMES	[ɔm]
REBAJAS	RABAIS	[sɔld]
SALDOS	SOLDES	[rabɛ]
NOVEDAD	NOUVEAU!	[nuvo]
GRATIS	GRATUIT	[gratɥi]
¡ATENCIÓN!	ATTENTION!	[atɑ̃sjɔ̃]
COMPLETO	COMPLET	[kɔ̃plɛ]
RESERVADO	RÉSERVÉ	[rezɛrve]
ADMINISTRACIÓN	ADMINISTRATION	[administrasjɔ̃]
SÓLO PERSONAL AUTORIZADO	RÉSERVÉ AU PERSONNEL	[rezɛrve o pɛrsɔnɛl]
CUIDADO CON EL PERRO	ATTENTION CHIEN MÉCHANT	[atɑ̃sjɔ̃ ʃjɛ̃ meʃɑ̃]
PROHIBIDO FUMAR	DÉFENSE DE FUMER	[defɑ̃s də fyme]
NO TOCAR	PRIERE DE NE PAS TOUCHER	[prijɛr dənəpa tuʃe]
PELIGROSO	DANGEREUX	[dɑ̃ʒrø]
PELIGRO	DANGER	[dɑ̃ʒe]
ALTA TENSIÓN	HAUTE TENSION	[ot tɑ̃sjɔ̃]
PROHIBIDO BAÑARSE	BAIGNADE INTERDITE	[bɛɲad ɛ̃tɛrdit]
NO FUNCIONA	HORS SERVICE	[ɔr sɛrvis]
INFLAMABLE	INFLAMMABLE	[ɛ̃flamabl]
PROHIBIDO	INTERDIT	[ɛ̃tɛrdi]
PROHIBIDO EL PASO	PASSAGE INTERDIT	[pasaʒ ɛ̃tɛrdi]
RECIÉN PINTADO	PEINTURE FRAÎCHE	[pɛ̃tyr frɛʃ]

56. El transporte urbano

autobús (m)	autobus (m)	[otobys]
tranvía (m)	tramway (m)	[tramwɛ]
trolebús (m)	trolleybus (m)	[trɔlɛbys]
itinerario (m)	itinéraire (m)	[itinerɛr]
número (m)	numéro (m)	[nymero]

ir en …	prendre …	[prɑ̃dr]
tomar (~ el autobús)	monter (vi)	[mɔ̃te]
bajar (~ del tren)	descendre de …	[desɑ̃dr də]
parada (f)	arrêt (m)	[arɛ]
próxima parada (f)	arrêt (m) prochain	[arɛt prɔʃɛ̃]
parada (f) final	terminus (m)	[tɛrminys]
horario (m)	horaire (m)	[ɔrɛr]
esperar (aguardar)	attendre (vt)	[atɑ̃dr]
billete (m)	ticket (m)	[tikɛ]
precio (m) del billete	prix (m) du ticket	[pri dy tikɛ]
cajero (m)	caissier (m)	[kesje]
control (m) de billetes	contrôle (m) des tickets	[kɔ̃trol de tikɛ]
cobrador (m)	contrôleur (m)	[kɔ̃trolœr]
llegar tarde (vi)	être en retard	[ɛtr ɑ̃ rətar]
perder (~ el tren)	rater (vt)	[rate]
tener prisa	se dépêcher	[sə depeʃe]
taxi (m)	taxi (m)	[taksi]
taxista (m)	chauffeur (m) de taxi	[ʃofœr də taksi]
en taxi	en taxi	[ɑ̃ taksi]
parada (f) de taxi	arrêt (m) de taxi	[arɛ də taksi]
llamar un taxi	appeler un taxi	[aple œ̃ taksi]
tomar un taxi	prendre un taxi	[prɑ̃dr œ̃ taksi]
tráfico (m)	trafic (m)	[trafik]
atasco (m)	embouteillage (m)	[ɑ̃butɛjaʒ]
horas (f pl) de punta	heures (f pl) de pointe	[œr də pwɛ̃t]
aparcar (vi)	se garer (vp)	[sə gare]
aparcar (vt)	garer (vt)	[gare]
aparcamiento (m)	parking (m)	[parkiŋ]
metro (m)	métro (m)	[metro]
estación (f)	station (f)	[stasjɔ̃]
ir en el metro	prendre le métro	[prɑ̃dr lə metro]
tren (m)	train (m)	[trɛ̃]
estación (f)	gare (f)	[gar]

57. La exploración del paisaje

monumento (m)	monument (m)	[mɔnymɑ̃]
fortaleza (f)	forteresse (f)	[fɔrtərɛs]
palacio (m)	palais (m)	[palɛ]
castillo (m)	château (m)	[ʃato]
torre (f)	tour (f)	[tur]
mausoleo (m)	mausolée (m)	[mozɔle]
arquitectura (f)	architecture (f)	[arʃitɛktyr]
medieval (adj)	médiéval (adj)	[medjeval]
antiguo (adj)	ancien (adj)	[ɑ̃sjɛ̃]
nacional (adj)	national (adj)	[nasjɔnal]

conocido (adj)	connu (adj)	[kɔny]
turista (m)	touriste (m)	[turist]
guía (m) (persona)	guide (m)	[gid]
excursión (f)	excursion (f)	[ɛkskyrsjɔ̃]
mostrar (vt)	montrer (vt)	[mɔ̃tre]
contar (una historia)	raconter (vt)	[rakɔ̃te]

encontrar (hallar)	trouver (vt)	[truve]
perderse (vr)	se perdre (vp)	[sə pɛrdr]
plano (m) (~ de metro)	plan (m)	[plɑ̃]
mapa (m) (~ de la ciudad)	carte (f)	[kart]

recuerdo (m)	souvenir (m)	[suvnir]
tienda (f) de regalos	boutique (f) de souvenirs	[butik də suvnir]
hacer fotos	prendre en photo	[prɑ̃dr ɑ̃ fɔto]
fotografiarse (vr)	se faire prendre en photo	[sə fɛr prɑ̃dr ɑ̃ fɔto]

58. Las compras

comprar (vt)	acheter (vt)	[aʃte]
compra (f)	achat (m)	[aʃa]
hacer compras	faire des achats	[fɛr dezaʃa]
compras (f pl)	shopping (m)	[ʃɔpiŋ]

estar abierto (tienda)	être ouvert	[ɛtr uvɛr]
estar cerrado	être fermé	[ɛtr fɛrme]

calzado (m)	chaussures (f pl)	[ʃosyr]
ropa (f), vestido (m)	vêtement (m)	[vɛtmɑ̃]
cosméticos (m pl)	produits (m pl) de beauté	[prɔdyi də bote]
productos alimenticios	produits (m pl) alimentaires	[prɔdyi alimɑ̃tɛr]
regalo (m)	cadeau (m)	[kado]

vendedor (m)	vendeur (m)	[vɑ̃dœr]
vendedora (f)	vendeuse (f)	[vɑ̃døz]

caja (f)	caisse (f)	[kɛs]
espejo (m)	miroir (m)	[mirwar]
mostrador (m)	comptoir (m)	[kɔ̃twar]
probador (m)	cabine (f) d'essayage	[kabin desɛjaʒ]

probar (un vestido)	essayer (vt)	[eseje]
quedar (una ropa, etc.)	aller bien	[ale bjɛ̃]
gustar (vi)	plaire à ...	[plɛr ɑ]

precio (m)	prix (m)	[pri]
etiqueta (f) de precio	étiquette (f) de prix	[etikɛt də pri]
costar (vt)	coûter (vi, vt)	[kute]
¿Cuánto?	Combien?	[kɔ̃bjɛ̃]
descuento (m)	rabais (m)	[rabɛ]

no costoso (adj)	pas cher (adj)	[pɑ ʃɛr]
barato (adj)	bon marché (adj)	[bɔ̃ marʃe]
caro (adj)	cher (adj)	[ʃɛr]

Es caro	C'est cher	[sɛ ʃɛr]
alquiler (m)	location (f)	[lɔkasjõ]
alquilar (vt)	louer (vt)	[lwe]
crédito (m)	crédit (m)	[kredi]
a crédito (adv)	à crédit (adv)	[akredi]

59. El dinero

dinero (m)	argent (m)	[arʒã]
cambio (m)	échange (m)	[eʃãʒ]
curso (m)	cours (m) de change	[kur də ʃãʒ]
cajero (m) automático	distributeur (m)	[distribytœr]
moneda (f)	monnaie (f)	[mɔnɛ]

dólar (m)	dollar (m)	[dɔlar]
euro (m)	euro (m)	[øro]

lira (f)	lire (f)	[lir]
marco (m) alemán	mark (m) allemand	[mark almã]
franco (m)	franc (m)	[frã]
libra esterlina (f)	livre sterling (f)	[livr stɛrliŋ]
yen (m)	yen (m)	[jɛn]

deuda (f)	dette (f)	[dɛt]
deudor (m)	débiteur (m)	[debitœr]
prestar (vt)	prêter (vt)	[prete]
tomar prestado	emprunter (vt)	[ãprœ̃te]

banco (m)	banque (f)	[bãk]
cuenta (f)	compte (m)	[kõt]
ingresar (~ en la cuenta)	verser (vt)	[vɛrse]
ingresar en la cuenta	verser dans le compte	[vɛrse dã lə kõt]
sacar de la cuenta	retirer du compte	[rətire dy kõt]

tarjeta (f) de crédito	carte (f) de crédit	[kart də kredi]
dinero (m) en efectivo	espèces (f pl)	[ɛspɛs]
cheque (m)	chèque (m)	[ʃɛk]
sacar un cheque	faire un chèque	[fɛr œ̃ ʃɛk]
talonario (m)	chéquier (m)	[ʃekje]

cartera (f)	portefeuille (m)	[pɔrtəfœj]
monedero (m)	bourse (f)	[burs]
caja (f) fuerte	coffre fort (m)	[kɔfr fɔr]

heredero (m)	héritier (m)	[eritje]
herencia (f)	héritage (m)	[eritaʒ]
fortuna (f)	fortune (f)	[fɔrtyn]

arriendo (m)	location (f)	[lɔkasjõ]
alquiler (m) (dinero)	loyer (m)	[lwaje]
alquilar (~ una casa)	louer (vt)	[lwe]

precio (m)	prix (m)	[pri]
coste (m)	coût (m)	[ku]

suma (f)	somme (f)	[sɔm]
gastar (vt)	dépenser (vt)	[depãse]
gastos (m pl)	dépenses (f pl)	[depãs]
economizar (vi, vt)	économiser (vt)	[ekɔnɔmize]
económico (adj)	économe (adj)	[ekɔnɔm]

pagar (vi, vt)	payer (vi, vt)	[peje]
pago (m)	paiement (m)	[pɛmã]
cambio (m) (devolver el ~)	monnaie (f)	[mɔnɛ]

impuesto (m)	impôt (m)	[ɛ̃po]
multa (f)	amende (f)	[amãd]
multar (vt)	mettre une amende	[mɛtr ynamãd]

60. La oficina de correos

oficina (f) de correos	poste (f)	[pɔst]
correo (m) (cartas, etc.)	courrier (m)	[kurje]
cartero (m)	facteur (m)	[faktœr]
horario (m) de apertura	heures (f pl) d'ouverture	[zœr duvɛrtyr]

carta (f)	lettre (f)	[lɛtr]
carta (f) certificada	recommandé (m)	[rəkɔmãde]
tarjeta (f) postal	carte (f) postale	[kart pɔstal]
telegrama (m)	télégramme (m)	[telegram]
paquete (m) postal	colis (m)	[kɔli]
giro (m) postal	mandat (m) postal	[mãda pɔstal]

recibir (vt)	recevoir (vt)	[rəsəvwar]
enviar (vt)	envoyer (vt)	[ãvwaje]
envío (m)	envoi (m)	[ãvwa]

dirección (f)	adresse (f)	[adrɛs]
código (m) postal	code (m) postal	[kɔd pɔstal]
expedidor (m)	expéditeur (m)	[ɛkspeditœr]
destinatario (m)	destinataire (m)	[dɛstinatɛr]

| nombre (m) | prénom (m) | [prenõ] |
| apellido (m) | nom (m) de famille | [nõ də famij] |

tarifa (f)	tarif (m)	[tarif]
ordinario (adj)	normal (adj)	[nɔrmal]
económico (adj)	économique (adj)	[ekɔnɔmik]

peso (m)	poids (m)	[pwa]
pesar (~ una carta)	peser (vt)	[pəze]
sobre (m)	enveloppe (f)	[ãvlɔp]
sello (m)	timbre (m)	[tɛ̃br]
poner un sello	timbrer (vt)	[tɛ̃bre]

La vivienda. La casa. El hogar

61. La casa. La electricidad

electricidad (f)	électricité (f)	[elɛktrisite]
bombilla (f)	ampoule (f)	[ɑ̃pul]
interruptor (m)	interrupteur (m)	[ɛ̃teryptœr]
fusible (m)	plomb, fusible (m)	[plɔ̃], [fyzibl]
hilo (m) (~ eléctrico)	fil (m)	[fil]
instalación (f) eléctrica	installation (f) électrique	[ɛ̃stalasjɔ̃ elɛktrik]
contador (m) de luz	compteur (m) électrique	[kɔ̃tœr elɛktrik]
lectura (f) (~ del contador)	relevé (m)	[rəlve]

62. La villa. La mansión

casa (f) de campo	maison (f) de campagne	[mɛzɔ̃ də kɑ̃paɲ]
villa (f)	villa (f)	[vila]
ala (f)	aile (f)	[ɛl]
jardín (m)	jardin (m)	[ʒardɛ̃]
parque (m)	parc (m)	[park]
invernadero (m) tropical	serre (f) tropicale	[sɛr trɔpikal]
cuidar (~ el jardín, etc.)	s'occuper de ...	[sɔkype də]
piscina (f)	piscine (f)	[pisin]
gimnasio (m)	salle (f) de gym	[sal də ʒim]
cancha (f) de tenis	court (m) de tennis	[kur də tenis]
sala (f) de cine	salle (f) de cinéma	[sal də sinema]
garaje (m)	garage (m)	[garaʒ]
propiedad (f) privada	propriété (f) privée	[prɔprijete prive]
terreno (m) privado	terrain (m) privé	[tɛrɛ̃ prive]
advertencia (f)	avertissement (m)	[avɛrtismɑ̃]
letrero (m) de aviso	panneau (m) d'avertissement	[pano davɛrtismɑ̃]
seguridad (f)	sécurité (f)	[sekyrite]
guardia (m) de seguridad	agent (m) de sécurité	[aʒɑ̃ də sekyrite]
alarma (f) antirrobo	alarme (f) antivol	[alarm ɑ̃tivɔl]

63. El apartamento

apartamento (m)	appartement (m)	[apartəmɑ̃]
habitación (f)	chambre (f)	[ʃɑ̃br]

dormitorio (m)	chambre (f) à coucher	[ʃɑ̃br a kuʃe]
comedor (m)	salle (f) à manger	[sal a mɑ̃ʒe]
salón (m)	salon (m)	[salɔ̃]
despacho (m)	bureau (m)	[byro]

antecámara (f)	antichambre (f)	[ɑ̃tiʃɑ̃br]
cuarto (m) de baño	salle (f) de bains	[sal də bɛ̃]
servicio (m)	toilettes (f pl)	[twalɛt]

techo (m)	plafond (m)	[plafɔ̃]
suelo (m)	plancher (m)	[plɑ̃ʃe]
rincón (m)	coin (m)	[kwɛ̃]

64. Los muebles. El interior

muebles (m pl)	meubles (m pl)	[mœbl]
mesa (f)	table (f)	[tabl]
silla (f)	chaise (f)	[ʃɛz]
cama (f)	lit (m)	[li]
sofá (m)	canapé (m)	[kanape]
sillón (m)	fauteuil (m)	[fotœj]

librería (f)	bibliothèque (f)	[biblijɔtɛk]
estante (m)	rayon (m)	[rɛjɔ̃]

armario (m)	armoire (f)	[armwar]
percha (f)	patère (f)	[patɛr]
perchero (m) de pie	portemanteau (m)	[pɔrtmɑ̃to]

cómoda (f)	commode (f)	[kɔmɔd]
mesa (f) de café	table (f) basse	[tabl bas]

espejo (m)	miroir (m)	[mirwar]
tapiz (m)	tapis (m)	[tapi]
alfombra (f)	petit tapis (m)	[pəti tapi]

chimenea (f)	cheminée (f)	[ʃəmine]
candela (f)	bougie (f)	[buʒi]
candelero (m)	chandelier (m)	[ʃɑ̃dəlje]

cortinas (f pl)	rideaux (m pl)	[rido]
empapelado (m)	papier (m) peint	[papje pɛ̃]
estor (m) de láminas	jalousie (f)	[ʒaluzi]

lámpara (f) de mesa	lampe (f) de table	[lɑ̃p də tabl]
candil (m)	applique (f)	[aplik]

lámpara (f) de pie	lampadaire (m)	[lɑ̃padɛr]
lámpara (f) de araña	lustre (m)	[lystr]

pata (f) (~ de la mesa)	pied (m)	[pje]
brazo (m)	accoudoir (m)	[akudwar]
espaldar (m)	dossier (m)	[dosje]
cajón (m)	tiroir (m)	[tirwar]

65. Los accesorios de la cama

ropa (f) de cama	linge (m) de lit	[lɛ̃ʒ də li]
almohada (f)	oreiller (m)	[ɔrɛje]
funda (f)	taie (f) d'oreiller	[tɛ dɔrɛje]
manta (f)	couverture (f)	[kuvɛrtyr]
sábana (f)	drap (m)	[dra]
sobrecama (f)	couvre-lit (m)	[kuvrəli]

66. La cocina

cocina (f)	cuisine (f)	[kɥizin]
gas (m)	gaz (m)	[gaz]
cocina (f) de gas	cuisinière (f) à gaz	[kɥizinjɛr a gaz]
cocina (f) eléctrica	cuisinière (f) électrique	[kɥizinjɛr elɛktrik]
horno (m)	four (m)	[fur]
horno (m) microondas	four (m) micro-ondes	[fur mikrɔ̃d]

frigorífico (m)	réfrigérateur (m)	[refriʒeratœr]
congelador (m)	congélateur (m)	[kɔ̃ʒelatœr]
lavavajillas (m)	lave-vaisselle (m)	[lavvesɛl]

picadora (f) de carne	hachoir (m)	[aʃwar]
exprimidor (m)	centrifugeuse (f)	[sɑ̃trifyʒøz]
tostador (m)	grille-pain (m)	[grijpɛ̃]
batidora (f)	batteur (m)	[batœr]

cafetera (f) (aparato de cocina)	machine (f) à café	[maʃin a kafe]
cafetera (f) (para servir)	cafetière (f)	[kaftjɛr]
molinillo (m) de café	moulin (m) à café	[mulɛ̃ a kafe]
hervidor (m) de agua	bouilloire (f)	[bujwar]
tetera (f)	théière (f)	[tejɛr]
tapa (f)	couvercle (m)	[kuvɛrkl]
colador (m) de té	passoire (f) à thé	[paswar a te]

cuchara (f)	cuillère (f)	[kɥijɛr]
cucharilla (f)	petite cuillère (f)	[pətit kɥijɛr]
cuchara (f) de sopa	cuillère (f) à soupe	[kɥijɛr a sup]
tenedor (m)	fourchette (f)	[furʃɛt]
cuchillo (m)	couteau (m)	[kuto]

vajilla (f)	vaisselle (f)	[vɛsɛl]
plato (m)	assiette (f)	[asjɛt]
platillo (m)	soucoupe (f)	[sukup]

vaso (m) de chupito	verre (m) à shot	[vɛr a ʃot]
vaso (m) (~ de agua)	verre (m)	[vɛr]
taza (f)	tasse (f)	[tɑs]

azucarera (f)	sucrier (m)	[sykrije]
salero (m)	salière (f)	[saljɛr]
pimentero (m)	poivrière (f)	[pwavrijɛr]

mantequera (f)	beurrier (m)	[bœrje]
cacerola (f)	casserole (f)	[kasrɔl]
sartén (f)	poêle (f)	[pwal]
cucharón (m)	louche (f)	[luʃ]
colador (m)	passoire (f)	[paswar]
bandeja (f)	plateau (m)	[plato]

botella (f)	bouteille (f)	[butɛj]
tarro (m) de vidrio	bocal (m)	[bɔkal]
lata (f) de hojalata	boîte (f) en fer-blanc	[bwat ã fɛrblã]

abrebotellas (m)	ouvre-bouteille (m)	[uvrəbutɛj]
abrelatas (m)	ouvre-boîte (m)	[uvrəbwat]
sacacorchos (m)	tire-bouchon (m)	[tirbuʃɔ̃]
filtro (m)	filtre (m)	[filtr]
filtrar (vt)	filtrer (vt)	[filtre]

basura (f)	ordures (f pl)	[ɔrdyr]
cubo (m) de basura	poubelle (f)	[pubɛl]

67. El baño

cuarto (m) de baño	salle (f) de bains	[sal də bɛ̃]
agua (f)	eau (f)	[o]
grifo (m)	robinet (m)	[rɔbinɛ]
agua (f) caliente	eau (f) chaude	[o ʃod]
agua (f) fría	eau (f) froide	[o frwad]

pasta (f) de dientes	dentifrice (m)	[dãtifris]
limpiarse los dientes	se brosser les dents	[sə brɔse le dã]
cepillo (m) de dientes	brosse (f) à dents	[brɔs a dã]

afeitarse (vr)	se raser (vp)	[sə raze]
espuma (f) de afeitar	mousse (f) à raser	[mus a raze]
maquinilla (f) de afeitar	rasoir (m)	[razwar]

lavar (vt)	laver (vt)	[lave]
darse un baño	se laver (vp)	[sə lave]
ducha (f)	douche (f)	[duʃ]
darse una ducha	prendre une douche	[prãdr yn duʃ]

baño (m)	baignoire (f)	[bɛɲwar]
inodoro (m)	cuvette (f)	[kyvɛt]
lavabo (m)	lavabo (m)	[lavabo]

jabón (m)	savon (m)	[savɔ̃]
jabonera (f)	porte-savon (m)	[pɔrtsavɔ̃]

esponja (f)	éponge (f)	[epɔ̃ʒ]
champú (m)	shampooing (m)	[ʃɑ̃pwɛ̃]
toalla (f)	serviette (f)	[sɛrvjɛt]
bata (f) de baño	peignoir (m) de bain	[pɛɲwar də bɛ̃]
colada (f), lavado (m)	lessive (f)	[lɛsiv]
lavadora (f)	machine (f) à laver	[maʃin a lave]

lavar la ropa	faire la lessive	[fɛr la lɛsiv]
detergente (m) en polvo	lessive (f)	[lɛsiv]

68. Los aparatos domésticos

televisor (m)	télé (f)	[tele]
magnetófono (m)	magnétophone (m)	[maɲetɔfɔn]
vídeo (m)	magnétoscope (m)	[maɲetɔskɔp]
radio (f)	radio (f)	[radjo]
reproductor (m) (~ MP3)	lecteur (m)	[lɛktœr]

proyector (m) de vídeo	vidéoprojecteur (m)	[videɔprɔʒɛktœr]
sistema (m) home cinema	home cinéma (m)	[həʊm sinema]
reproductor (m) de DVD	lecteur DVD (m)	[lɛktœr devede]
amplificador (m)	amplificateur (m)	[ãplifikatœr]
videoconsola (f)	console (f) de jeux	[kõsɔl də ʒø]

cámara (f) de vídeo	caméscope (m)	[kameskɔp]
cámara (f) fotográfica	appareil (m) photo	[aparɛj fɔto]
cámara (f) digital	appareil (m)	[aparɛj
	photo numérique	fɔto nymerik]

aspirador (m)	aspirateur (m)	[aspiratœr]
plancha (f)	fer (m) à repasser	[fɛr a rəpase]
tabla (f) de planchar	planche (f) à repasser	[plãʃ a rəpase]

teléfono (m)	téléphone (m)	[telefɔn]
teléfono (m) móvil	portable (m)	[pɔrtabl]
máquina (f) de escribir	machine (f) à écrire	[maʃin a ekrir]
máquina (f) de coser	machine (f) à coudre	[maʃin a kudr]

micrófono (m)	micro (m)	[mikro]
auriculares (m pl)	écouteurs (m pl)	[ekutœr]
mando (m) a distancia	télécommande (f)	[telekɔmãd]

CD (m)	CD (m)	[sede]
casete (m)	cassette (f)	[kasɛt]
disco (m) de vinilo	disque (m) vinyle	[disk vinil]

LAS ACTIVIDADES DE LA GENTE

El trabajo. Los negocios. Unidad 1

69. La oficina. El trabajo de oficina

oficina (f)	bureau (m)	[byro]
despacho (m)	bureau (m)	[byro]
recepción (f)	accueil (m)	[akœj]
secretario (m)	secrétaire (m)	[səkrɛtɛr]
secretaria (f)	secrétaire (f)	[səkrɛtɛr]
director (m)	directeur (m)	[dirɛktœr]
manager (m)	manager (m)	[manadʒœr]
contable (m)	comptable (m)	[kɔ̃tabl]
colaborador (m)	collaborateur (m)	[kɔlabɔratœr]
muebles (m pl)	meubles (m pl)	[mœbl]
escritorio (m)	bureau (m)	[byro]
silla (f)	fauteuil (m)	[fotœj]
cajonera (f)	classeur (m) à tiroirs	[klasœr ɑ tirwar]
perchero (m) de pie	portemanteau (m)	[pɔrtmɑ̃to]
ordenador (m)	ordinateur (m)	[ɔrdinatœr]
impresora (f)	imprimante (f)	[ɛ̃primɑ̃t]
fax (m)	fax (m)	[faks]
fotocopiadora (f)	copieuse (f)	[kɔpjøz]
papel (m)	papier (m)	[papje]
papelería (f)	papeterie (f)	[papɛtri]
alfombrilla (f) para ratón	tapis (m) de souris	[tapi də suri]
hoja (f) de papel	feuille (f)	[fœj]
carpeta (f)	classeur (m)	[klasœr]
catálogo (m)	catalogue (m)	[katalɔg]
directorio (m) telefónico	annuaire (m)	[anɥɛr]
documentación (f)	documents (m pl)	[dɔkymɑ̃]
folleto (m)	brochure (f)	[brɔʃyr]
prospecto (m)	prospectus (m)	[prɔspɛktys]
muestra (f)	échantillon (m)	[eʃɑ̃tijɔ̃]
reunión (f) de formación	formation (f)	[fɔrmasjɔ̃]
reunión (f)	réunion (f)	[reynjɔ̃]
pausa (f) de almuerzo	pause (f) déjeuner	[poz deʒœne]
hacer una copia	faire une copie	[fɛr yn kɔpi]
hacer copias	faire des copies	[fɛr de kɔpi]
recibir un fax	recevoir un fax	[rəsəvwar œ̃ faks]
enviar un fax	envoyer un fax	[ɑ̃vwaje œ̃ faks]

llamar por teléfono	téléphoner, appeler	[telefɔne], [aple]
responder (vi, vt)	répondre (vi, vt)	[repɔ̃dr]
poner en comunicación	passer (vt)	[pɑse]

fijar (~ una reunión)	fixer (vt)	[fikse]
demostrar (vt)	montrer (vt)	[mɔ̃tre]
estar ausente	être absent	[ɛtr apsɑ̃]
ausencia (f)	absence (f)	[apsɑ̃s]

70. Los métodos de los negocios. Unidad 1

| negocio (m), comercio (m) | affaire (f) | [afɛr] |
| ocupación (f) | métier (m) | [metje] |

firma (f)	firme (f), société (f)	[firm], [sɔsjete]
compañía (f)	compagnie (f)	[kɔ̃paɲi]
corporación (f)	corporation (f)	[kɔrpɔrasjɔ̃]
empresa (f)	entreprise (f)	[ɑ̃trœpriz]
agencia (f)	agence (f)	[aʒɑ̃s]

acuerdo (m)	accord (m)	[akɔr]
contrato (m)	contrat (m)	[kɔ̃tra]
trato (m), acuerdo (m)	marché (m)	[marʃe]
pedido (m)	commande (f)	[kɔmɑ̃d]
condición (f) del contrato	terme (m)	[tɛrm]

al por mayor (adv)	en gros (adv)	[ɑ̃ gro]
al por mayor (adj)	en gros (adj)	[ɑ̃ gro]
venta (f) al por mayor	vente (f) en gros	[vɑ̃t ɑ̃ gro]
al por menor (adj)	au détail (adj)	[odetaj]
venta (f) al por menor	vente (f) au détail	[vɑ̃t o detaj]

competidor (m)	concurrent (m)	[kɔ̃kyrɑ̃]
competencia (f)	concurrence (f)	[kɔ̃kyrɑ̃s]
competir (vi)	concurrencer (vt)	[kɔ̃kyrɑ̃se]

| socio (m) | associé (m) | [asɔsje] |
| sociedad (f) | partenariat (m) | [partənarja] |

crisis (m)	crise (f)	[kriz]
bancarrota (f)	faillite (f)	[fajit]
ir a la bancarrota	faire faillite	[fɛr fajit]
dificultad (f)	difficulté (f)	[difikylte]
problema (m)	problème (m)	[prɔblɛm]
catástrofe (f)	catastrophe (f)	[katastrɔf]

economía (f)	économie (f)	[ekɔnɔmi]
económico (adj)	économique (adj)	[ekɔnɔmik]
recesión (f) económica	baisse (f) économique	[bɛs ekɔnɔmik]

meta (f)	but (m)	[byt]
objetivo (m)	objectif (m)	[ɔbʒɛktif]
comerciar (vi)	faire du commerce	[fɛr dy kɔmɛrs]
red (f) (~ comercial)	réseau (m)	[rezo]

| existencias (f pl) | inventaire (m) | [ɛ̃vɑ̃tɛr] |
| surtido (m) | assortiment (m) | [asɔrtimɑ̃] |

líder (m)	leader (m)	[lidœr]
grande (empresa ~)	grand, grande (adj)	[grɑ̃, grɑ̃d]
monopolio (m)	monopole (m)	[mɔnɔpɔl]

teoría (f)	théorie (f)	[teɔri]
práctica (f)	pratique (f)	[pratik]
experiencia (f)	expérience (f)	[ɛksperjɑ̃s]
tendencia (f)	tendance (f)	[tɑ̃dɑ̃s]
desarrollo (m)	développement (m)	[devlɔpmɑ̃]

71. Los métodos de los negocios. Unidad 2

| rentabilidad (f) | rentabilité (m) | [rɑ̃tabilite] |
| rentable (adj) | rentable (adj) | [rɑ̃tabl] |

delegación (f)	délégation (f)	[delegasjɔ̃]
salario (m)	salaire (m)	[salɛr]
corregir (un error)	corriger (vt)	[kɔriʒe]
viaje (m) de negocios	voyage (m) d'affaires	[vwajaʒ dafɛr]
comisión (f)	commission (f)	[kɔmisjɔ̃]

controlar (vt)	contrôler (vt)	[kɔ̃trole]
conferencia (f)	conférence (f)	[kɔ̃ferɑ̃s]
licencia (f)	licence (f)	[lisɑ̃s]
fiable (socio ~)	fiable (adj)	[fjabl]

iniciativa (f)	initiative (f)	[inisjativ]
norma (f)	norme (f)	[nɔrm]
circunstancia (f)	circonstance (f)	[sirkɔ̃stɑ̃s]
deber (m)	fonction (f)	[fɔ̃ksjɔ̃]

empresa (f)	entreprise (f)	[ɑ̃trœpriz]
organización (f) (proceso)	organisation (f)	[ɔrganizasjɔ̃]
organizado (adj)	organisé (adj)	[ɔrganize]
anulación (f)	annulation (f)	[anylasjɔ̃]
anular (vt)	annuler (vt)	[anyle]
informe (m)	rapport (m)	[rapɔr]

patente (m)	brevet (m)	[brəvɛ]
patentar (vt)	breveter (vt)	[brəvte]
planear (vt)	planifier (vt)	[planifje]

premio (m)	prime (f)	[prim]
profesional (adj)	professionnel (adj)	[prɔfɛsjɔnɛl]
procedimiento (m)	procédure (f)	[prɔsedyr]

examinar (vt)	examiner (vt)	[ɛgzamine]
cálculo (m)	calcul (m)	[kalkyl]
reputación (f)	réputation (f)	[repytasjɔ̃]
riesgo (m)	risque (m)	[risk]
dirigir (administrar)	diriger (vt)	[diriʒe]

información (f)	renseignements (m pl)	[rãsɛɲəmã]
propiedad (f)	propriété (f)	[prɔprijete]
unión (f)	union (f)	[ynjɔ̃]

seguro (m) de vida	assurance vie (f)	[asyrãs vi]
asegurar (vt)	assurer (vt)	[asyre]
seguro (m)	assurance (f)	[asyrãs]

subasta (f)	enchères (f pl)	[ãʃɛr]
notificar (informar)	notifier (vt)	[nɔtifje]
gestión (f)	gestion (f)	[ʒɛstjɔ̃]
servicio (m)	service (m)	[sɛrvis]

foro (m)	forum (m)	[fɔrɔm]
funcionar (vi)	fonctionner (vi)	[fɔ̃ksjɔne]
etapa (f)	étape (f)	[etap]
jurídico (servicios ~s)	juridique (adj)	[ʒyridik]
jurista (m)	juriste (m)	[ʒyrist]

72. La producción. Los trabajos

planta (f)	usine (f)	[yzin]
fábrica (f)	fabrique (f)	[fabrik]
taller (m)	atelier (m)	[atəlje]
planta (f) de producción	site (m) de production	[sit də prɔdyksjɔ̃]

industria (f)	industrie (f)	[ɛ̃dystri]
industrial (adj)	industriel (adj)	[ɛ̃dystrijɛl]
industria (f) pesada	industrie (f) lourde	[ɛ̃dystri lurd]
industria (f) ligera	industrie (f) légère	[ɛ̃dystri leʒɛr]

producción (f)	produit (m)	[prɔdyi]
producir (vt)	produire (vt)	[prɔdɥir]
materias (f pl) primas	matières (f pl) premières	[matjɛr prəmjɛr]

jefe (m) de brigada	chef (m) d'équipe	[ʃɛf dekip]
brigada (f)	équipe (f) d'ouvriers	[ekip duvrije]
obrero (m)	ouvrier (m)	[uvrije]

día (m) de trabajo	jour (m) ouvrable	[ʒur uvrabl]
descanso (m)	pause (f)	[poz]
reunión (f)	réunion (f)	[reynjɔ̃]
discutir (vt)	discuter (vt)	[diskyte]

plan (m)	plan (m)	[plã]
cumplir el plan	accomplir le plan	[akɔ̃plir lə plã]
tasa (f) de producción	norme (f) de production	[nɔrm də prɔdyksjɔ̃]
calidad (f)	qualité (f)	[kalite]
revisión (f)	contrôle (m)	[kɔ̃trol]
control (m) de calidad	contrôle (m) qualité	[kɔ̃trol kalite]

seguridad (f) de trabajo	sécurité (f) de travail	[sekyrite də travaj]
disciplina (f)	discipline (f)	[disiplin]
infracción (f)	infraction (f)	[ɛ̃fraksjɔ̃]

violar (las reglas)	violer (vt)	[vjɔle]
huelga (f)	grève (f)	[grɛv]
huelguista (m)	gréviste (m)	[grevist]
estar en huelga	faire grève	[fɛr grɛv]
sindicato (m)	syndicat (m)	[sɛ̃dika]

inventar (máquina, etc.)	inventer (vt)	[ɛ̃vɑ̃te]
invención (f)	invention (f)	[ɛ̃vɑ̃sjɔ̃]
investigación (f)	recherche (f)	[rəʃɛrʃ]
mejorar (vt)	améliorer (vt)	[ameljɔre]
tecnología (f)	technologie (f)	[tɛknɔlɔʒi]
dibujo (m) técnico	dessin (m) technique	[desɛ̃ tɛknik]

cargamento (m)	charge (f)	[ʃarʒ]
cargador (m)	chargeur (m)	[ʃarʒœr]
cargar (camión, etc.)	charger (vt)	[ʃarʒe]
carga (f) (proceso)	chargement (m)	[ʃarʒəmɑ̃]
descargar (vt)	décharger (vt)	[deʃarʒe]
descarga (f)	déchargement (m)	[deʃarʒəmɑ̃]

transporte (m)	transport (m)	[trɑ̃spɔr]
compañía (f) de transporte	compagnie (f) de transport	[kɔ̃paɲi də trɑ̃spɔr]
transportar (vt)	transporter (vt)	[trɑ̃spɔrte]

vagón (m)	wagon (m) de marchandise	[vagɔ̃ də marʃɑ̃diz]
cisterna (f)	citerne (f)	[sitɛrn]
camión (m)	camion (m)	[kamjɔ̃]

| máquina (f) herramienta | machine-outil (f) | [maʃinuti] |
| mecanismo (m) | mécanisme (m) | [mekanism] |

desperdicios (m pl)	déchets (m pl)	[deʃɛ]
empaquetado (m)	emballage (m)	[ɑ̃balaʒ]
embalar (vt)	emballer (vt)	[ɑ̃bale]

73. El contrato. El acuerdo

contrato (m)	contrat (m)	[kɔ̃tra]
acuerdo (m)	accord (m)	[akɔr]
anexo (m)	annexe (f)	[anɛks]

firmar un contrato	signer un contrat	[siɲe œ̃ kɔ̃tra]
firma (f) (nombre)	signature (f)	[siɲatyr]
firmar (vt)	signer (vt)	[siɲe]
sello (m)	cachet (m)	[kaʃe]

objeto (m) del acuerdo	objet (m) du contrat	[ɔbʒɛ dy kɔ̃tra]
cláusula (f)	clause (f)	[kloz]
partes (f pl)	côtés (m pl)	[kote]
domicilio (m) legal	adresse (f) légale	[adrɛs legal]

violar el contrato	violer l'accord	[vjɔle lakɔr]
obligación (f)	obligation (f)	[ɔbligasjɔ̃]
responsabilidad (f)	responsabilité (f)	[rɛspɔ̃sabilite]

fuerza mayor (f)	force (f) majeure	[fɔrs maʒœr]
disputa (f)	litige (m)	[litiʒ]
penalidades (f pl)	pénalités (f pl)	[penalite]

74. Importación y Exportación

importación (f)	importation (f)	[ɛ̃pɔrtasjɔ̃]
importador (m)	importateur (m)	[ɛ̃pɔrtatœr]
importar (vt)	importer (vt)	[ɛ̃pɔrte]
de importación (adj)	d'importation	[dɛ̃pɔrtasjɔ̃]

exportación (f)	exportation (f)	[ɛkspɔrtasjɔ̃]
exportador (m)	exportateur (m)	[ɛkspɔrtatœr]
exportar (vt)	exporter (vt)	[ɛkspɔrte]
de exportación (adj)	à l'export	[a lɛkspɔr]

| mercancía (f) | marchandise (f) | [marʃãdiz] |
| lote (m) de mercancías | lot (m) de marchandises | [lo də marʃãdiz] |

peso (m)	poids (m)	[pwa]
volumen (m)	volume (m)	[vɔlym]
metro (m) cúbico	mètre (m) cube	[mɛtr kyb]

productor (m)	producteur (m)	[prɔdyktœr]
compañía (f) de transporte	compagnie (f) de transport	[kɔ̃paɲi də trãspɔr]
contenedor (m)	container (m)	[kɔ̃tɛnɛr]

frontera (f)	frontière (f)	[frɔ̃tjɛr]
aduana (f)	douane (f)	[dwan]
derechos (m pl) arancelarios	droit (m) de douane	[drwa də dwan]
aduanero (m)	douanier (m)	[dwanje]
contrabandismo (m)	contrebande (f)	[kɔ̃trəbãd]
contrabando (m)	contrebande (f)	[kɔ̃trəbãd]

75. Las finanzas

acción (f)	action (f)	[aksjɔ̃]
bono (m), obligación (f)	obligation (f)	[ɔbligasjɔ̃]
letra (f) de cambio	lettre (f) de change	[lɛtr də ʃãʒ]

| bolsa (f) | bourse (f) | [burs] |
| cotización (f) de valores | cours (m) d'actions | [kur daksjɔ̃] |

| abaratarse (vr) | baisser (vi) | [bese] |
| encarecerse (vr) | augmenter (vi) | [ogmãte] |

| parte (f) | part (f) | [par] |
| interés (m) mayoritario | participation (f) de contrôle | [partisipasjɔ̃ də kɔ̃trol] |

inversiones (f pl)	investissements (m pl)	[ɛ̃vɛstismã]
invertir (vi, vt)	investir (vt)	[ɛ̃vɛstir]
porcentaje (m)	pour-cent (m)	[pursã]

interés (m)	intérêts (m pl)	[ɛ̃tɛrɛ]
beneficio (m)	profit (m)	[prɔfi]
beneficioso (adj)	profitable (adj)	[prɔfitabl]
impuesto (m)	impôt (m)	[ɛ̃po]

divisa (f)	devise (f)	[dəviz]
nacional (adj)	national (adj)	[nasjɔnal]
cambio (m)	échange (m)	[eʃɑ̃ʒ]

| contable (m) | comptable (m) | [kɔ̃tabl] |
| contaduría (f) | comptabilité (f) | [kɔ̃tabilite] |

bancarrota (f)	faillite (f)	[fajit]
quiebra (f)	krach (m)	[krak]
ruina (f)	ruine (f)	[rɥin]
arruinarse (vr)	se ruiner (vp)	[sə rɥine]
inflación (f)	inflation (f)	[ɛ̃flasjɔ̃]
devaluación (f)	dévaluation (f)	[devalɥasjɔ̃]

capital (m)	capital (m)	[kapital]
ingresos (m pl)	revenu (m)	[rəvəny]
volumen (m) de negocio	chiffre (m) d'affaires	[ʃifr dafɛr]
recursos (m pl)	ressources (f pl)	[rəsurs]
recursos (m pl) monetarios	moyens (m pl) financiers	[mwajɛ̃ finɑ̃sje]

| gastos (m pl) accesorios | frais (m pl) généraux | [frɛ ʒenerø] |
| reducir (vt) | réduire (vt) | [redɥir] |

76. La mercadotecnia

mercadotecnia (f)	marketing (m)	[marketiŋ]
mercado (m)	marché (m)	[marʃe]
segmento (m) del mercado	segment (m) du marché	[sɛgmɑ̃ dy marʃe]
producto (m)	produit (m)	[prɔdyi]
mercancía (f)	marchandise (f)	[marʃɑ̃diz]

marca (f)	marque (f) de fabrique	[mark də fabrik]
marca (f) comercial	marque (f) déposée	[mark depoze]
logotipo (m)	logotype (m)	[lɔgɔtip]
logo (m)	logo (m)	[logo]

demanda (f)	demande (f)	[dəmɑ̃d]
oferta (f)	offre (f)	[ɔfr]
necesidad (f)	besoin (m)	[bəzwɛ̃]
consumidor (m)	consommateur (m)	[kɔ̃sɔmatœr]

análisis (m)	analyse (f)	[analiz]
analizar (vt)	analyser (vt)	[analize]
posicionamiento (m)	positionnement (m)	[pozisjɔnmɑ̃]
posicionar (vt)	positionner (vt)	[pozisjɔne]

precio (m)	prix (m)	[pri]
política (f) de precios	politique (f) des prix	[pɔlitik de pri]
formación (m) de precios	formation (f) des prix	[fɔrmasjɔ̃ de pri]

77. La publicidad

publicidad (f)	publicité (f), pub (f)	[pyblisite], [pyb]
publicitar (vt)	faire de la publicité	[fɛr də la pyblisite]
presupuesto (m)	budget (m)	[bydʒɛ]

anuncio (m) publicitario	annonce (f), pub (f)	[anɔ̃s], [pyb]
publicidad (f) televisiva	publicité (f) à la télévision	[pyblisite ɑla televizjɔ̃]
publicidad (f) radiofónica	publicité (f) à la radio	[pyblisite ɑla radjo]
publicidad (f) exterior	publicité (f) extérieure	[pyblisite ɛksterjœr]

medios (m pl) de comunicación de masas	mass média (m pl)	[masmedja]
periódico (m)	périodique (m)	[perjɔdik]
imagen (f)	image (f)	[imaʒ]

consigna (f)	slogan (m)	[slɔgɑ̃]
divisa (f)	devise (f)	[dəviz]

campaña (f)	campagne (f)	[kɑ̃paɲ]
campaña (f) publicitaria	campagne (f) publicitaire	[kɑ̃paɲ pyblisitɛr]
auditorio (m) objetivo	public (m) cible	[pyblik sibl]

tarjeta (f) de visita	carte (f) de visite	[kart də vizit]
prospecto (m)	prospectus (m)	[prɔspɛktys]
folleto (m)	brochure (f)	[brɔʃyr]
panfleto (m)	dépliant (m)	[deplijɑ̃]
boletín (m)	bulletin (m)	[byltɛ̃]

letrero (m) (~ luminoso)	enseigne (f)	[ɑ̃sɛɲ]
pancarta (f)	poster (m)	[pɔstɛr]
valla (f) publicitaria	panneau-réclame (m)	[pano reklam]

78. La banca

banco (m)	banque (f)	[bɑ̃k]
sucursal (f)	agence (f) bancaire	[aʒɑ̃s bɑ̃kɛr]

asesor (m) (~ fiscal)	conseiller (m)	[kɔ̃seje]
gerente (m)	gérant (m)	[ʒerɑ̃]

cuenta (f)	compte (m)	[kɔ̃t]
numero (m) de la cuenta	numéro (m) du compte	[nymero dy kɔ̃t]
cuenta (f) corriente	compte (m) courant	[kɔ̃t kurɑ̃]
cuenta (f) de ahorros	compte (m) sur livret	[kɔ̃t syr livrɛ]

abrir una cuenta	ouvrir un compte	[uvrir œ̃ kɔ̃t]
cerrar la cuenta	clôturer le compte	[klotyre lə kɔ̃t]
ingresar en la cuenta	verser dans le compte	[vɛrse dɑ̃ lə kɔ̃t]
sacar de la cuenta	retirer du compte	[rətire dy kɔ̃t]

depósito (m)	dépôt (m)	[depo]
hacer un depósito	faire un dépôt	[fɛr œ̃ depo]

giro (m) bancario	virement (m) bancaire	[virmã bãkɛr]
hacer un giro	faire un transfert	[fɛr œ̃ trãsfɛr]

suma (f)	somme (f)	[sɔm]
¿Cuánto?	Combien?	[kɔ̃bjɛ̃]

firma (f) (nombre)	signature (f)	[siɲatyr]
firmar (vt)	signer (vt)	[siɲe]

tarjeta (f) de crédito	carte (f) de crédit	[kart də kredi]
código (m)	code (m)	[kɔd]
número (m) de tarjeta de crédito	numéro (m) de carte de crédit	[nymero də kart də kredi]
cajero (m) automático	distributeur (m)	[distribytœr]

cheque (m)	chèque (m)	[ʃɛk]
sacar un cheque	faire un chèque	[fɛr œ̃ ʃɛk]
talonario (m)	chéquier (m)	[ʃekje]

crédito (m)	crédit (m)	[kredi]
pedir el crédito	demander un crédit	[dəmãde œ̃ kredi]
obtener un crédito	prendre un crédit	[prãdr œ̃ kredi]
conceder un crédito	accorder un crédit	[akɔrde œ̃ kredi]
garantía (f)	gage (m)	[gaʒ]

79. El teléfono. Las conversaciones telefónicas

teléfono (m)	téléphone (m)	[telefɔn]
teléfono (m) móvil	portable (m)	[pɔrtabl]
contestador (m)	répondeur (m)	[repɔ̃dœr]

llamar, telefonear	téléphoner, appeler	[telefɔne], [aple]
llamada (f)	appel (m)	[apɛl]

marcar un número	composer le numéro	[kɔ̃poze lə nymero]
¿Sí?, ¿Dígame?	Allô!	[alo]
preguntar (vt)	demander (vt)	[dəmãde]
responder (vi, vt)	répondre (vi, vt)	[repɔ̃dr]

oír (vt)	entendre (vt)	[ãtãdr]
bien (adv)	bien (adv)	[bjɛ̃]
mal (adv)	mal (adv)	[mal]
ruidos (m pl)	bruits (m pl)	[brɥi]

auricular (m)	récepteur (m)	[resɛptœr]
descolgar (el teléfono)	décrocher (vt)	[dekrɔʃe]
colgar el auricular	raccrocher (vi)	[rakrɔʃe]

ocupado (adj)	occupé (adj)	[ɔkype]
sonar (teléfono)	sonner (vi)	[sɔ̃]
guía (f) de teléfonos	carnet (m) de téléphone	[karnɛ də telefɔn]

local (adj)	local (adj)	[lɔkal]
llamada (f) local	appel (m) local	[apɛl lɔkal]

de larga distancia	interurbain (adj)	[ɛ̃tɛryrbɛ̃]
llamada (f) de larga distancia	appel (m) interurbain	[apɛl ɛ̃tɛryrbɛ̃]
internacional (adj)	international (adj)	[ɛ̃tɛrnasjɔnal]
llamada (f) internacional	appel (m) international	[apɛl ɛ̃tɛrnasjɔnal]

80. El teléfono celular

teléfono (m) móvil	portable (m)	[pɔrtabl]
pantalla (f)	écran (m)	[ekrɑ̃]
botón (m)	bouton (m)	[butɔ̃]
tarjeta SIM (f)	carte SIM (f)	[kart sim]

pila (f)	pile (f)	[pil]
descargarse (vr)	être déchargé	[ɛtr deʃarʒe]
cargador (m)	chargeur (m)	[ʃarʒœr]

menú (m)	menu (m)	[məny]
preferencias (f pl)	réglages (m pl)	[reglaʒ]
melodía (f)	mélodie (f)	[melɔdi]
seleccionar (vt)	sélectionner (vt)	[selɛksjɔne]

calculadora (f)	calculatrice (f)	[kalkylatris]
contestador (m)	répondeur (m)	[repɔ̃dœr]
despertador (m)	réveil (m)	[revɛj]
contactos (m pl)	contacts (m pl)	[kɔ̃takt]

| mensaje (m) de texto | SMS (m) | [esemes] |
| abonado (m) | abonné (m) | [abɔne] |

81. Los artículos de escritorio

| bolígrafo (m) | stylo (m) à bille | [stilo ɑ bij] |
| pluma (f) estilográfica | stylo (m) à plume | [stilo ɑ plym] |

lápiz (f)	crayon (m)	[krɛjɔ̃]
marcador (m)	marqueur (m)	[markœr]
rotulador (m)	feutre (m)	[føtr]

| bloc (m) de notas | bloc-notes (m) | [blɔknɔt] |
| agenda (f) | agenda (m) | [aʒɛ̃da] |

regla (f)	règle (f)	[rɛgl]
calculadora (f)	calculatrice (f)	[kalkylatris]
goma (f) de borrar	gomme (f)	[gɔm]

| chincheta (f) | punaise (f) | [pynɛz] |
| clip (m) | trombone (m) | [trɔ̃bɔn] |

pegamento (m)	colle (f)	[kɔl]
grapadora (f)	agrafeuse (f)	[agraføz]
perforador (m)	perforateur (m)	[pɛrforatœr]
sacapuntas (m)	taille-crayon (m)	[tajkrɛjɔ̃]

82. Tipos de negocios

contabilidad (f)	services (m pl) comptables	[sɛrvis kɔ̃tabl]
publicidad (f)	publicité (f), pub (f)	[pyblisite], [pyb]
agencia (f) de publicidad	agence (f) publicitaire	[aʒɑ̃s pyblisitɛr]
climatizadores (m pl)	climatisation (m)	[klimatizasjɔ̃]
compañía (f) aérea	compagnie (f) aérienne	[kɔ̃paɲi aerjɛn]
bebidas (f pl) alcohólicas	boissons (f pl) alcoolisées	[bwasɔ̃ alkɔlize]
antigüedad (f)	antiquités (f pl)	[ɑ̃tikite]
galería (f) de arte	galerie (f) d'art	[galri dar]
servicios (m pl) de auditoría	services (m pl) d'audition	[sɛrvis dodisjɔ̃]
negocio (m) bancario	banques (f pl)	[bɑ̃k]
bar (m)	bar (m)	[bar]
salón (m) de belleza	salon (m) de beauté	[salɔ̃ də bote]
librería (f)	librairie (f)	[librɛri]
fábrica (f) de cerveza	brasserie (f)	[brasri]
centro (m) de negocios	centre (m) d'affaires	[sɑ̃tr dafɛr]
escuela (f) de negocios	école (f) de commerce	[ekɔl də kɔmɛrs]
casino (m)	casino (m)	[kazino]
construcción (f)	bâtiment (m)	[batimɑ̃]
consultoría (f)	conseil (m)	[kɔ̃sɛj]
estomatología (f)	dentistes (pl)	[dɑ̃tists]
diseño (m)	design (m)	[dizajn]
farmacia (f)	pharmacie (f)	[farmasi]
tintorería (f)	pressing (m)	[presiɲ]
agencia (f) de empleo	agence (f) de recrutement	[aʒɑ̃s də rəkrytmɑ̃]
servicios (m pl) financieros	service (m) financier	[sɛrvis finɑ̃sje]
productos alimenticios	produits (m pl) alimentaires	[prɔdyi alimɑ̃tɛr]
funeraria (f)	maison (f) funéraire	[mɛzɔ̃ fynerɛr]
muebles (m pl)	meubles (m pl)	[mœbl]
ropa (f), vestido (m)	vêtement (m)	[vɛtmɑ̃]
hotel (m)	hôtel (m)	[otɛl]
helado (m)	glace (f)	[glas]
industria (f)	industrie (f)	[ɛ̃dystri]
seguro (m)	assurance (f)	[asyrɑ̃s]
internet (m), red (f)	Internet (m)	[ɛ̃tɛrnɛt]
inversiones (f pl)	investissements (m pl)	[ɛ̃vɛstismɑ̃]
joyero (m)	bijoutier (m)	[biʒutje]
joyería (f)	bijouterie (f)	[biʒutri]
lavandería (f)	blanchisserie (f)	[blɑ̃ʃisri]
asesoría (f) jurídica	service (m) juridique	[sɛrvis ʒyridik]
industria (f) ligera	industrie (f) légère	[ɛ̃dystri leʒɛr]
revista (f)	revue (f)	[rəvy]
venta (f) por catálogo	vente (f) par catalogue	[vɑ̃t par katalɔg]
medicina (f)	médecine (f)	[medsin]
cine (m) (iremos al ~)	cinéma (m)	[sinema]
museo (m)	musée (m)	[myze]

agencia (f) de información	agence (f) d'information	[aʒɑ̃s dɛ̃fɔrmasjɔ̃]
periódico (m)	journal (m)	[ʒurnal]
club (m) nocturno	boîte (f) de nuit	[bwat də nɥi]

petróleo (m)	pétrole (m)	[petrɔl]
servicio (m) de entrega	coursiers (m pl)	[kursje]
industria (f) farmacéutica	industrie (f) pharmaceutique	[ɛ̃dystri farmasøtik]
poligrafía (f)	imprimerie (f)	[ɛ̃primri]
editorial (f)	maison (f) d'édition	[mɛzɔ̃ dedisjɔ̃]

radio (f)	radio (f)	[radjo]
inmueble (m)	immobilier (m)	[imɔbilje, -ɛr]
restaurante (m)	restaurant (m)	[rɛstɔrɑ̃]

agencia (f) de seguridad	agence (f) de sécurité	[aʒɑ̃s də sekyrite]
deporte (m)	sport (m)	[spɔr]
bolsa (f) de comercio	bourse (f)	[burs]
tienda (f)	magasin (m)	[magazɛ̃]
supermercado (m)	supermarché (m)	[sypɛrmarʃe]
piscina (f)	piscine (f)	[pisin]

taller (m)	atelier (m) de couture	[atəlje də kutyr]
televisión (f)	télévision (f)	[televizjɔ̃]
teatro (m)	théâtre (m)	[teɑtr]
comercio (m)	commerce (m)	[kɔmɛrs]
servicios de transporte	sociétés de transport	[sɔsjete trɑ̃spɔr]
turismo (m)	tourisme (m)	[turism]

veterinario (m)	vétérinaire (m)	[veterinɛr]
almacén (m)	entrepôt (m)	[ɑ̃trəpo]
recojo (m) de basura	récupération (f) des déchets	[rekyperasjɔ̃ də deʃɛ]

El trabajo. Los negocios. Unidad 2

83. El espectáculo. La exhibición

exposición, feria (f)	salon (m)	[salɔ̃]
feria (f) comercial	salon (m) commercial	[salɔ̃ kɔmɛrsjal]
participación (f)	participation (f)	[partisipɑsjɔ̃]
participar (vi)	participer à ...	[partisipe a]
participante (m)	participant (m)	[partisipɑ̃]
director (m)	directeur (m)	[dirɛktœr]
dirección (f)	direction (f)	[dirɛksjɔ̃]
organizador (m)	organisateur (m)	[ɔrganizatœr]
organizar (vt)	organiser (vt)	[ɔrganize]
solicitud (f) de participación	demande (f) de participation	[dəmɑ̃d də partisipɑsjɔ̃]
rellenar (vt)	remplir (vt)	[rɑ̃plir]
detalles (m pl)	détails (m pl)	[detaj]
información (f)	information (f)	[ɛ̃fɔrmasjɔ̃]
precio (m)	prix (m)	[pri]
incluso	y compris	[i kɔ̃pri]
incluir (vt)	inclure (vt)	[ɛ̃klyr]
pagar (vi, vt)	payer (vi, vt)	[peje]
cuota (f) de registro	droits (m pl) d'inscription	[drwa dɛ̃skripsjɔ̃]
entrada (f)	entrée (f)	[ɑ̃tre]
pabellón (m)	pavillon (m)	[pavijɔ̃]
registrar (vt)	enregistrer (vt)	[ɑ̃rəʒistre]
tarjeta (f) de identificación	badge (m)	[badʒ]
stand (m)	stand (m)	[stɑ̃d]
reservar (vt)	réserver (vt)	[rezɛrve]
vitrina (f)	vitrine (f)	[vitrin]
lámpara (f)	lampe (f)	[lɑ̃p]
diseño (m)	design (m)	[dizajn]
poner (colocar)	mettre, placer	[mɛtr], [plase]
situarse (vr)	être placé	[ɛtr plase]
distribuidor (m)	distributeur (m)	[distribytœr]
proveedor (m)	fournisseur (m)	[furnisœr]
suministrar (vt)	fournir (vt)	[furnir]
país (m)	pays (m)	[pei]
extranjero (adj)	étranger (adj)	[etrɑ̃ʒe]
producto (m)	produit (m)	[prɔdyi]
asociación (f)	association (f)	[asɔsjasjɔ̃]

sala (f) de conferencias	salle (f) de conférences	[sal də kɔ̃ferɑ̃s]
congreso (m)	congrès (m)	[kɔ̃grɛ]
concurso (m)	concours (m)	[kɔ̃kur]

visitante (m)	visiteur (m)	[vizitœr]
visitar (vt)	visiter (vt)	[vizite]
cliente (m)	client (m)	[klijɑ̃]

84. La ciencia. La investigación. Los científicos

ciencia (f)	science (f)	[sjɑ̃s]
científico (adj)	scientifique (adj)	[sjɑ̃tifik]
científico (m)	savant (m)	[savɑ̃]
teoría (f)	théorie (f)	[teɔri]

axioma (m)	axiome (m)	[aksjom]
análisis (m)	analyse (f)	[analiz]
analizar (vt)	analyser (vt)	[analize]
argumento (m)	argument (m)	[argymɑ̃]
sustancia (f) (materia)	substance (f)	[sypstɑ̃s]

hipótesis (f)	hypothèse (f)	[ipɔtɛz]
dilema (m)	dilemme (m)	[dilɛm]
tesis (f) de grado	thèse (f)	[tɛz]
dogma (m)	dogme (m)	[dɔgm]

doctrina (f)	doctrine (f)	[dɔktrin]
investigación (f)	recherche (f)	[rəʃɛrʃ]
investigar (vt)	rechercher (vt)	[rəʃɛrʃe]
prueba (f)	test (m)	[tɛst]
laboratorio (m)	laboratoire (m)	[labɔratwar]

método (m)	méthode (f)	[metɔd]
molécula (f)	molécule (f)	[mɔlekyl]
seguimiento (m)	monitoring (m)	[mɔnitɔriŋ]
descubrimiento (m)	découverte (f)	[dekuvɛrt]

postulado (m)	postulat (m)	[pɔstyla]
principio (m)	principe (m)	[prɛ̃sip]
pronóstico (m)	prévision (f)	[previzjɔ̃]
pronosticar (vt)	prévoir (vt)	[prevwar]

síntesis (f)	synthèse (f)	[sɛ̃tɛz]
tendencia (f)	tendance (f)	[tɑ̃dɑ̃s]
teorema (m)	théorème (m)	[teɔrɛm]

enseñanzas (f pl)	enseignements (m pl)	[ɑ̃sɛɲmɑ̃]
hecho (m)	fait (m)	[fɛ]
expedición (f)	expédition (f)	[ɛkspedisjɔ̃]
experimento (m)	expérience (f)	[ɛksperjɑ̃s]

académico (m)	académicien (m)	[akademisjɛn]
bachiller (m)	bachelier (m)	[baʃəlje]
doctorado (m)	docteur (m)	[dɔktœr]

docente (m)	chargé (m) de cours	[ʃarʒe də kur]
Master (m) (~ en Letras)	magistère (m)	[maʒistɛr]
profesor (m)	professeur (m)	[prɔfɛsœr]

Las profesiones y los oficios

85. La búsqueda de trabajo. El despido del trabajo

trabajo (m)	travail (m)	[travaj]
empleados (pl)	employés (pl)	[ãplwaje]
personal (m)	personnel (m)	[pɛrsɔnɛl]
carrera (f)	carrière (f)	[karjɛr]
perspectiva (f)	perspective (f)	[pɛrspɛktiv]
maestría (f)	maîtrise (f)	[metriz]
selección (f)	sélection (f)	[selɛksjɔ̃]
agencia (f) de empleo	agence (f) de recrutement	[aʒãs də rəkrytmã]
curriculum vitae (m)	C.V. (m)	[seve]
entrevista (f)	entretien (m)	[ãtrətjɛ̃]
vacancia (f)	emploi (m) vacant	[ãplwa vakã]
salario (m)	salaire (m)	[salɛr]
salario (m) fijo	salaire (m) fixe	[salɛr fiks]
remuneración (f)	rémunération (f)	[remynerasjɔ̃]
puesto (m) (trabajo)	poste (m)	[pɔst]
deber (m)	fonction (f)	[fɔ̃ksjɔ̃]
gama (f) de deberes	liste (f) des fonctions	[list de fɔ̃ksjɔ̃]
ocupado (adj)	occupé (adj)	[ɔkype]
despedir (vt)	licencier (vt)	[lisãsje]
despido (m)	licenciement (m)	[lisãsimã]
desempleo (m)	chômage (m)	[ʃomaʒ]
desempleado (m)	chômeur (m)	[ʃomœr]
jubilación (f)	retraite (f)	[rətrɛt]
jubilarse	prendre sa retraite	[prãdr sa rətrɛt]

86. Los negociantes

director (m)	directeur (m)	[dirɛktœr]
gerente (m)	gérant (m)	[ʒerã]
jefe (m)	patron (m)	[patrɔ̃]
superior (m)	supérieur (m)	[syperjœr]
superiores (m pl)	supérieurs (m pl)	[syperjœr]
presidente (m)	président (m)	[prezidã]
presidente (m) (de compañía)	président (m)	[prezidã]
adjunto (m)	adjoint (m)	[adʒwɛ̃]
asistente (m)	assistant (m)	[asistã]

| secretario, -a (m, f) | secrétaire (m, f) | [səkretɛr] |
| secretario (m) particular | secrétaire (m, f) personnel | [səkretɛr pɛrsɔnɛl] |

hombre (m) de negocios	homme (m) d'affaires	[ɔm dafɛr]
emprendedor (m)	entrepreneur (m)	[ãtrəprənœr]
fundador (m)	fondateur (m)	[fɔ̃datœr]
fundar (vt)	fonder (vt)	[fɔ̃de]

institutor (m)	fondateur (m)	[fɔ̃datœr]
compañero (m)	partenaire (m)	[partənɛr]
accionista (m)	actionnaire (m)	[aksjɔnɛr]

millonario (m)	millionnaire (m)	[miljɔnɛr]
multimillonario (m)	milliardaire (m)	[miljardɛr]
propietario (m)	propriétaire (m)	[prɔprijetɛr]
terrateniente (m)	propriétaire (m) foncier	[prɔprijetɛr fɔ̃sje]

cliente (m)	client (m)	[klijã]
cliente (m) habitual	client (m) régulier	[klijã regylje]
comprador (m)	acheteur (m)	[aʃtœr]
visitante (m)	visiteur (m)	[vizitœr]

profesional (m)	professionnel (m)	[prɔfɛsjɔnɛl]
experto (m)	expert (m)	[ɛkspɛr]
especialista (m)	spécialiste (m)	[spesjalist]

| banquero (m) | banquier (m) | [bãkje] |
| broker (m) | courtier (m) | [kurtje] |

cajero (m)	caissier (m)	[kesje]
contable (m)	comptable (m)	[kɔ̃tabl]
guardia (m) de seguridad	agent (m) de sécurité	[aʒã də sekyrite]

inversionista (m)	investisseur (m)	[ɛ̃vɛstisœr]
deudor (m)	débiteur (m)	[debitœr]
acreedor (m)	créancier (m)	[kreãsje]
prestatario (m)	emprunteur (m)	[ãprœ̃tœr]

| importador (m) | importateur (m) | [ɛ̃pɔrtatœr] |
| exportador (m) | exportateur (m) | [ɛkspɔrtatœr] |

productor (m)	producteur (m)	[prɔdyktœr]
distribuidor (m)	distributeur (m)	[distribytœr]
intermediario (m)	intermédiaire (m)	[ɛ̃tɛrmedjɛr]

asesor (m) (~ fiscal)	conseiller (m)	[kɔ̃seje]
representante (m)	représentant (m)	[rəprezãtã]
agente (m)	agent (m)	[aʒã]
agente (m) de seguros	agent (m) d'assurances	[aʒã dasyrãs]

87. Los trabajos de servicio

| cocinero (m) | cuisinier (m) | [kɥizinje] |
| jefe (m) de cocina | cuisinier (m) en chef | [kɥizinje ã ʃɛf] |

83

panadero (m)	boulanger (m)	[bulãʒe]
barman (m)	barman (m)	[barman]
camarero (m)	serveur (m)	[sɛrvœr]
camarera (f)	serveuse (f)	[sɛrvøz]

abogado (m)	avocat (m)	[avɔka]
jurista (m)	juriste (m)	[ʒyrist]
notario (m)	notaire (m)	[nɔtɛr]

electricista (m)	électricien (m)	[elɛktrisjɛ̃]
fontanero (m)	plombier (m)	[plɔ̃bje]
carpintero (m)	charpentier (m)	[ʃarpãtje]

masajista (m)	masseur (m)	[masœr]
masajista (f)	masseuse (f)	[masøz]
médico (m)	médecin (m)	[medsɛ̃]

taxista (m)	chauffeur (m) de taxi	[ʃofœr də taksi]
chófer (m)	chauffeur (m)	[ʃofœr]
repartidor (m)	livreur (m)	[livrœr]

camarera (f)	femme (f) de chambre	[fam də ʃãbr]
guardia (m) de seguridad	agent (m) de sécurité	[aʒã də sekyrite]
azafata (f)	hôtesse (f) de l'air	[otɛs də lɛr]

profesor (m) (~ de baile, etc.)	professeur (m)	[prɔfɛsœr]
bibliotecario (m)	bibliothécaire (m)	[bibliɔtekɛr]
traductor (m)	traducteur (m)	[tradyktœr]
intérprete (m)	interprète (m)	[ɛ̃tɛrprɛt]
guía (m)	guide (m)	[gid]

peluquero (m)	coiffeur (m)	[kwafœr]
cartero (m)	facteur (m)	[faktœr]
vendedor (m)	vendeur (m)	[vãdœr]

jardinero (m)	jardinier (m)	[ʒardinje]
servidor (m)	serviteur (m)	[sɛrvitœr]
criada (f)	servante (f)	[sɛrvãt]
mujer (f) de la limpieza	femme (f) de ménage	[fam də menaʒ]

88. La profesión militar y los rangos

soldado (m) raso	soldat (m)	[sɔlda]
sargento (m)	sergent (m)	[sɛrʒã]
teniente (m)	lieutenant (m)	[ljøtnã]
capitán (m)	capitaine (m)	[kapitɛn]

mayor (m)	commandant (m)	[kɔmãdã]
coronel (m)	colonel (m)	[kɔlɔnɛl]
general (m)	général (m)	[ʒeneral]
mariscal (m)	maréchal (m)	[mareʃal]
almirante (m)	amiral (m)	[amiral]
militar (m)	militaire (m)	[militɛr]
soldado (m)	soldat (m)	[sɔlda]

| oficial (m) | officier (m) | [ɔfisje] |
| comandante (m) | commandant (m) | [kɔmɑ̃dɑ̃] |

guardafronteras (m)	garde-frontière (m)	[gardəfrɔ̃tjɛr]
radio-operador (m)	opérateur (m) radio	[ɔperatœr radjo]
explorador (m)	éclaireur (m)	[eklɛrœr]
zapador (m)	démineur (m)	[deminœr]
tirador (m)	tireur (m)	[tirœr]
navegador (m)	navigateur (m)	[navigatœr]

89. Los oficiales. Los sacerdotes

| rey (m) | roi (m) | [rwa] |
| reina (f) | reine (f) | [rɛn] |

| príncipe (m) | prince (m) | [prɛ̃s] |
| princesa (f) | princesse (f) | [prɛ̃sɛs] |

| zar (m) | tsar (m) | [tsar] |
| zarina (f) | tsarine (f) | [tsarin] |

presidente (m)	président (m)	[prezidɑ̃]
ministro (m)	ministre (m)	[ministr]
primer ministro (m)	premier ministre (m)	[prəmje ministɛr]
senador (m)	sénateur (m)	[senatœr]

diplomático (m)	diplomate (m)	[diplɔmat]
cónsul (m)	consul (m)	[kɔ̃syl]
embajador (m)	ambassadeur (m)	[ɑ̃basadœr]
consejero (m)	conseiller (m)	[kɔ̃seje]

funcionario (m)	fonctionnaire (m)	[fɔ̃ksjɔnɛr]
prefecto (m)	préfet (m)	[prefɛ]
alcalde (m)	maire (m)	[mɛr]

| juez (m) | juge (m) | [ʒyʒ] |
| fiscal (m) | procureur (m) | [prɔkyrœr] |

misionero (m)	missionnaire (m)	[misjɔnɛr]
monje (m)	moine (m)	[mwan]
abad (m)	abbé (m)	[abe]
rabino (m)	rabbin (m)	[rabɛ̃]

visir (m)	vizir (m)	[vizir]
sha (m), shah (m)	shah (m)	[ʃa]
jeque (m)	cheik (m)	[ʃɛjk]

90. Las profesiones agrícolas

apicultor (m)	apiculteur (m)	[apikyltœr]
pastor (m)	berger (m)	[bɛrʒe]
agrónomo (m)	agronome (m)	[agrɔnɔm]

| ganadero (m) | éleveur (m) | [elvœr] |
| veterinario (m) | vétérinaire (m) | [veterinɛr] |

granjero (m)	fermier (m)	[fɛrmje]
vinicultor (m)	vinificateur (m)	[vinifikatœr]
zoólogo (m)	zoologiste (m)	[zɔɔlɔʒist]
cowboy (m)	cow-boy (m)	[kɔbɔj]

91. Las profesiones artísticas

| actor (m) | acteur (m) | [aktœr] |
| actriz (f) | actrice (f) | [aktris] |

| cantante (m) | chanteur (m) | [ʃɑ̃tœr] |
| cantante (f) | cantatrice (f) | [kɑ̃tatris] |

| bailarín (m) | danseur (m) | [dɑ̃sœr] |
| bailarina (f) | danseuse (f) | [dɑ̃søz] |

| artista (m) | artiste (m) | [artist] |
| artista (f) | artiste (f) | [artist] |

músico (m)	musicien (m)	[myzisjɛ̃]
pianista (m)	pianiste (m)	[pjanist]
guitarrista (m)	guitariste (m)	[gitarist]

director (m) de orquesta	chef (m) d'orchestre	[ʃɛf dɔrkɛstr]
compositor (m)	compositeur (m)	[kɔ̃pozitœr]
empresario (m)	imprésario (m)	[ɛ̃presarjo]

director (m) de cine	metteur (m) en scène	[mɛtœr ɑ̃ sɛn]
productor (m)	producteur (m)	[prɔdyktœr]
guionista (m)	scénariste (m)	[senarist]
crítico (m)	critique (m)	[kritik]

escritor (m)	écrivain (m)	[ekrivɛ̃]
poeta (m)	poète (m)	[pɔɛt]
escultor (m)	sculpteur (m)	[skyltœr]
pintor (m)	peintre (m)	[pɛ̃tr]

malabarista (m)	jongleur (m)	[ʒɔ̃glœr]
payaso (m)	clown (m)	[klun]
acróbata (m)	acrobate (m)	[akrɔbat]
ilusionista (m)	magicien (m)	[maʒisjɛ̃]

92. Profesiones diversas

médico (m)	médecin (m)	[medsɛ̃]
enfermera (f)	infirmière (f)	[ɛ̃firmjɛr]
psiquiatra (m)	psychiatre (m)	[psikjatr]
estomatólogo (m)	stomatologue (m)	[stɔmatɔlɔg]
cirujano (m)	chirurgien (m)	[ʃiryrʒjɛ̃]

astronauta (m)	astronaute (m)	[astrɔnot]
astrónomo (m)	astronome (m)	[astrɔnɔm]
piloto (m)	pilote (m)	[pilɔt]

conductor (m) (chófer)	chauffeur (m)	[ʃofœr]
maquinista (m)	conducteur (m) de train	[kɔ̃dyktœr də trɛ̃]
mecánico (m)	mécanicien (m)	[mekanisjɛ̃]

minero (m)	mineur (m)	[minœr]
obrero (m)	ouvrier (m)	[uvrije]
cerrajero (m)	serrurier (m)	[seryrje]
carpintero (m)	menuisier (m)	[mənɥizje]
tornero (m)	tourneur (m)	[turnœr]
albañil (m)	ouvrier (m) du bâtiment	[uvrije dy batimɑ̃]
soldador (m)	soudeur (m)	[sudœr]

profesor (m) (título)	professeur (m)	[prɔfɛsœr]
arquitecto (m)	architecte (m)	[arʃitɛkt]
historiador (m)	historien (m)	[istɔrjɛ̃]
científico (m)	savant (m)	[savɑ̃]
físico (m)	physicien (m)	[fizisjɛ̃]
químico (m)	chimiste (m)	[ʃimist]

arqueólogo (m)	archéologue (m)	[arkeɔlɔg]
geólogo (m)	géologue (m)	[ʒeɔlɔg]
investigador (m)	chercheur (m)	[ʃɛrʃœr]

niñera (f)	baby-sitter (m, f)	[bebisitœr]
pedagogo (m)	pédagogue (m, f)	[pedagɔg]

redactor (m)	rédacteur (m)	[redaktœr]
redactor jefe (m)	rédacteur (m) en chef	[redaktœr ɑ̃ ʃɛf]
corresponsal (m)	correspondant (m)	[kɔrɛspɔ̃dɑ̃]
mecanógrafa (f)	dactylographe (f)	[daktilɔgraf]

diseñador (m)	designer (m)	[dizajnœr]
especialista (m) en ordenadores	informaticien (m)	[ɛ̃fɔrmatisjɛ̃]
programador (m)	programmeur (m)	[prɔgramœr]
ingeniero (m)	ingénieur (m)	[ɛ̃ʒenjœr]

marino (m)	marin (m)	[marɛ̃]
marinero (m)	matelot (m)	[matlo]
socorrista (m)	secouriste (m)	[səkurist]

bombero (m)	pompier (m)	[pɔ̃pje]
policía (m)	policier (m)	[pɔlisje]
vigilante (m) nocturno	veilleur (m) de nuit	[vejœr də nɥi]
detective (m)	détective (m)	[detɛktiv]

aduanero (m)	douanier (m)	[dwanje]
guardaespaldas (m)	garde (m) du corps	[gard dy kɔr]
guardia (m) de prisiones	gardien (m) de prison	[gardjɛ̃ də prizɔ̃]
inspector (m)	inspecteur (m)	[ɛ̃spɛktœr]
deportista (m)	sportif (m)	[spɔrtif]
entrenador (m)	entraîneur (m)	[ɑ̃trɛnœr]

carnicero (m)	boucher (m)	[buʃe]
zapatero (m)	cordonnier (m)	[kɔrdɔnje]
comerciante (m)	commerçant (m)	[kɔmɛrsɑ̃]
cargador (m)	chargeur (m)	[ʃarʒœr]
diseñador (m) de modas	couturier (m)	[kutyrje]
modelo (f)	modèle (f)	[mɔdɛl]

93. Los trabajos. El estatus social

escolar (m)	écolier (m)	[ekɔlje]
estudiante (m)	étudiant (m)	[etydjɑ̃]
filósofo (m)	philosophe (m)	[filɔzɔf]
economista (m)	économiste (m)	[ekɔnɔmist]
inventor (m)	inventeur (m)	[ɛ̃vɑ̃tœr]
desempleado (m)	chômeur (m)	[ʃomœr]
jubilado (m)	retraité (m)	[rətrɛte]
espía (m)	espion (m)	[ɛspjɔ̃]
prisionero (m)	prisonnier (m)	[prizɔnje]
huelguista (m)	gréviste (m)	[grevist]
burócrata (m)	bureaucrate (m)	[byrokrat]
viajero (m)	voyageur (m)	[vwajaʒœr]
homosexual (m)	homosexuel (m)	[ɔmɔsɛksɥɛl]
hacker (m)	hacker (m)	[akeːr]
hippie (m)	hippie (m, f)	[ipi]
bandido (m)	bandit (m)	[bɑ̃di]
sicario (m)	tueur (m) à gages	[tɥœr a gaʒ]
drogadicto (m)	drogué (m)	[drɔge]
narcotraficante (m)	trafiquant (m) de drogue	[trafikɑ̃ də drɔg]
prostituta (f)	prostituée (f)	[prɔstitɥe]
chulo (m), proxeneta (m)	souteneur (m)	[sutnœr]
brujo (m)	sorcier (m)	[sɔrsje]
bruja (f)	sorcière (f)	[sɔrsjɛr]
pirata (m)	pirate (m)	[pirat]
esclavo (m)	esclave (m)	[ɛsklav]
samurai (m)	samouraï (m)	[samuraj]
salvaje (m)	sauvage (m)	[sovaʒ]

La educación

94. La escuela

escuela (f)	école (f)	[ekɔl]
director (m) de escuela	directeur (m) d'école	[dirɛktœr dekɔl]
alumno (m)	élève (m)	[elɛv]
alumna (f)	élève (f)	[elɛv]
escolar (m)	écolier (m)	[ekɔlje]
escolar (f)	écolière (f)	[ekɔljɛr]
enseñar (vt)	enseigner (vt)	[ɑ̃seɲe]
aprender (ingles, etc.)	apprendre (vt)	[aprɑ̃dr]
aprender de memoria	apprendre par cœur	[aprɑ̃dr par kœr]
aprender (a leer, etc.)	apprendre (vi)	[aprɑ̃dr]
estar en la escuela	être étudiant, -e	[ɛtr etydjɑ̃, -ɑ̃t]
ir a la escuela	aller à l'école	[ale ɑ lekɔl]
alfabeto (m)	alphabet (m)	[alfabɛ]
materia (f)	matière (f)	[matjɛr]
clase (f), aula (f)	salle (f) de classe	[sal də klas]
lección (f)	leçon (f)	[ləsɔ̃]
recreo (m)	récréation (f)	[rekreasjɔ̃]
campana (f)	sonnerie (f)	[sɔnri]
pupitre (m)	pupitre (m)	[pypitr]
pizarra (f)	tableau (m)	[tablo]
nota (f)	note (f)	[nɔt]
buena nota (f)	bonne note (f)	[bɔnnɔt]
mala nota (f)	mauvaise note (f)	[movɛz nɔt]
poner una nota	donner une note	[dɔne yn nɔt]
falta (f)	faute (f)	[fot]
hacer faltas	faire des fautes	[fɛr de fot]
corregir (un error)	corriger (vt)	[kɔriʒe]
chuleta (f)	antisèche (f)	[ɑ̃tisɛʃ]
deberes (m pl) de casa	devoir (m)	[dəvwar]
ejercicio (m)	exercice (m)	[ɛgzɛrsis]
estar presente	être présent	[ɛtr prezɑ̃]
estar ausente	être absent	[ɛtr apsɑ̃]
faltar a las clases	manquer l'école	[mɑ̃ke lekɔl]
castigar (vt)	punir (vt)	[pynir]
castigo (m)	punition (f)	[pynisjɔ̃]
conducta (f)	conduite (f)	[kɔ̃dɥit]

libreta (f) de notas	carnet (m) de notes	[karnɛ də nɔt]
lápiz (f)	crayon (m)	[krɛjõ]
goma (f) de borrar	gomme (f)	[gɔm]
tiza (f)	craie (f)	[krɛ]
cartuchera (f)	plumier (m)	[plymje]

mochila (f)	cartable (m)	[kartabl]
bolígrafo (m)	stylo (m)	[stilo]
cuaderno (m)	cahier (m)	[kaje]
manual (m)	manuel (m)	[manɥɛl]
compás (m)	compas (m)	[kõpa]

| trazar (vi, vt) | dessiner (vt) | [desine] |
| dibujo (m) técnico | dessin (m) technique | [desɛ̃ tɛknik] |

poema (m), poesía (f)	poésie (f)	[pɔezi]
de memoria (adv)	par cœur (adv)	[par kœr]
aprender de memoria	apprendre par cœur	[aprãdr par kœr]

vacaciones (f pl)	vacances (f pl)	[vakãs]
estar de vacaciones	être en vacances	[ɛtr ã vakãs]
pasar las vacaciones	passer les vacances	[pase le vakãs]

prueba (f) escrita	interrogation (f) écrite	[ɛ̃terɔgasjõ ekrit]
composición (f)	composition (f)	[kõpozisjõ]
dictado (m)	dictée (f)	[dikte]
examen (m)	examen (m)	[ɛgzamɛ̃]
hacer un examen	passer les examens	[pase lezɛgzamɛ̃]
experimento (m)	expérience (f)	[ɛksperjãs]

95. Los institutos. La Universidad

academia (f)	académie (f)	[akademi]
universidad (f)	université (f)	[ynivɛrsite]
facultad (f)	faculté (f)	[fakylte]

estudiante (m)	étudiant (m)	[etydjã]
estudiante (f)	étudiante (f)	[etydjãt]
profesor (m)	enseignant (m)	[ãsɛɲã]

| aula (f) | salle (f) | [sal] |
| graduado (m) | licencié (m) | [lisãsje] |

| diploma (m) | diplôme (m) | [diplom] |
| tesis (f) de grado | thèse (f) | [tɛz] |

| estudio (m) | étude (f) | [etyd] |
| laboratorio (m) | laboratoire (m) | [labɔratwar] |

| clase (f) | cours (m) | [kur] |
| compañero (m) de curso | camarade (m) de cours | [kamarad də kur] |

| beca (f) | bourse (f) | [burs] |
| grado (m) académico | grade (m) universitaire | [grad ynivɛrsitɛr] |

96. Las ciencias. Las disciplinas

matemáticas (f pl)	**mathématiques** (f pl)	[matematik]
álgebra (f)	**algèbre** (f)	[alʒɛbr]
geometría (f)	**géométrie** (f)	[ʒeɔmetri]
astronomía (f)	**astronomie** (f)	[astrɔnɔmi]
biología (f)	**biologie** (f)	[bjɔlɔʒi]
geografía (f)	**géographie** (f)	[ʒeɔgrafi]
geología (f)	**géologie** (f)	[ʒeɔlɔʒi]
historia (f)	**histoire** (f)	[istwar]
medicina (f)	**médecine** (f)	[medsin]
pedagogía (f)	**pédagogie** (f)	[pedagɔʒi]
derecho (m)	**droit** (m)	[drwa]
física (f)	**physique** (f)	[fizik]
química (f)	**chimie** (f)	[ʃimi]
filosofía (f)	**philosophie** (f)	[filɔzɔfi]
psicología (f)	**psychologie** (f)	[psikɔlɔʒi]

97. Los sistemas de escritura. La ortografía

gramática (f)	**grammaire** (f)	[gramɛr]
vocabulario (m)	**vocabulaire** (m)	[vɔkabylɛr]
fonética (f)	**phonétique** (f)	[fɔnetik]
sustantivo (m)	**nom** (m)	[nɔ̃]
adjetivo (m)	**adjectif** (m)	[adʒɛktif]
verbo (m)	**verbe** (m)	[vɛrb]
adverbio (m)	**adverbe** (m)	[advɛrb]
pronombre (m)	**pronom** (m)	[prɔnɔ̃]
interjección (f)	**interjection** (f)	[ɛ̃tɛrʒɛksjɔ̃]
preposición (f)	**préposition** (f)	[prepozisjɔ̃]
raíz (f), radical (m)	**racine** (f)	[rasin]
desinencia (f)	**terminaison** (f)	[tɛrminɛzɔ̃]
prefijo (m)	**préfixe** (m)	[prefiks]
sílaba (f)	**syllabe** (f)	[silab]
sufijo (m)	**suffixe** (m)	[syfiks]
acento (m)	**accent** (m) **tonique**	[aksɑ̃ tɔnik]
apóstrofo (m)	**apostrophe** (f)	[apɔstrɔf]
punto (m)	**point** (m)	[pwɛ̃]
coma (f)	**virgule** (f)	[virgyl]
punto y coma	**point** (m) **virgule**	[pwɛ̃ virgyl]
dos puntos (m pl)	**deux-points** (m)	[døpwɛ̃]
puntos (m pl) suspensivos	**points** (m pl) **de suspension**	[pwɛ̃ də syspɑ̃sjɔ̃]
signo (m) de interrogación	**point** (m) **d'interrogation**	[pwɛ̃ dɛ̃terɔgasjɔ̃]
signo (m) de admiración	**point** (m) **d'exclamation**	[pwɛ̃ dɛksklamasjɔ̃]

comillas (f pl)	guillemets (m pl)	[gijmɛ]
entre comillas	entre guillemets	[ãtr gijmɛ]
paréntesis (m)	parenthèses (f pl)	[parãtɛz]
entre paréntesis	entre parenthèses	[ãtr parãtɛz]

guión (m)	trait (m) d'union	[trɛ dynjõ]
raya (f)	tiret (m)	[tire]
blanco (m)	blanc (m)	[blã]

| letra (f) | lettre (f) | [lɛtr] |
| letra (f) mayúscula | majuscule (f) | [maʒyskyl] |

| vocal (f) | voyelle (f) | [vwajɛl] |
| consonante (m) | consonne (f) | [kõsɔn] |

oración (f)	proposition (f)	[prɔpozisjõ]
sujeto (m)	sujet (m)	[syʒɛ]
predicado (m)	prédicat (m)	[predika]

línea (f)	ligne (f)	[liɲ]
en una nueva línea	à la ligne	[alaliɲ]
párrafo (m)	paragraphe (m)	[paragraf]

palabra (f)	mot (m)	[mo]
combinación (f) de palabras	groupe (m) de mots	[grup də mo]
expresión (f)	expression (f)	[ɛkspresjõ]
sinónimo (m)	synonyme (m)	[sinɔnim]
antónimo (m)	antonyme (m)	[ãtɔnim]

regla (f)	règle (f)	[rɛgl]
excepción (f)	exception (f)	[ɛksɛpsjõ]
correcto (adj)	correct (adj)	[kɔrɛkt]

conjugación (f)	conjugaison (f)	[kõʒygɛzõ]
declinación (f)	déclinaison (f)	[deklinɛzõ]
caso (m)	cas (m)	[ka]
pregunta (f)	question (f)	[kɛstjõ]
subrayar (vt)	souligner (vt)	[suliɲe]
línea (f) de puntos	pointillé (m)	[pwɛ̃tije]

98. Los idiomas extranjeros

lengua (f)	langue (f)	[lãg]
lengua (f) extranjera	langue (f) étrangère	[lãg etrãʒɛr]
estudiar (vt)	étudier (vt)	[etydje]
aprender (ingles, etc.)	apprendre (vt)	[aprãdr]

leer (vi, vt)	lire (vi, vt)	[lir]
hablar (vi, vt)	parler (vi)	[parle]
comprender (vt)	comprendre (vt)	[kõprãdr]
escribir (vt)	écrire (vt)	[ekrir]

| rápidamente (adv) | vite (adv) | [vit] |
| lentamente (adv) | lentement (adv) | [lãtmã] |

con fluidez (adv)	couramment (adv)	[kuramã]
reglas (f pl)	règles (f pl)	[rɛgl]
gramática (f)	grammaire (f)	[gramɛr]
vocabulario (m)	vocabulaire (m)	[vɔkabylɛr]
fonética (f)	phonétique (f)	[fɔnetik]

manual (m)	manuel (m)	[manɥɛl]
diccionario (m)	dictionnaire (m)	[diksjɔnɛr]
manual (m) autodidáctico	manuel (m) autodidacte	[manɥɛl otodidakt]
guía (f) de conversación	guide (m) de conversation	[gid də kõvɛrsasjõ]

casete (m)	cassette (f)	[kasɛt]
videocasete (f)	cassette (f) vidéo	[kasɛt video]
CD (m)	CD (m)	[sede]
DVD (m)	DVD (m)	[devede]

alfabeto (m)	alphabet (m)	[alfabɛ]
deletrear (vt)	épeler (vt)	[eple]
pronunciación (f)	prononciation (f)	[prɔnõsjasjõ]

acento (m)	accent (m)	[aksã]
con acento	avec un accent	[avɛk œn aksã]
sin acento	sans accent	[sã zaksã]

| palabra (f) | mot (m) | [mo] |
| significado (m) | sens (m) | [sãs] |

cursos (m pl)	cours (m pl)	[kur]
inscribirse (vr)	s'inscrire (vp)	[sɛ̃skrir]
profesor (m) (~ de inglés)	professeur (m)	[prɔfɛsœr]

traducción (f) (proceso)	traduction (f)	[tradyksjõ]
traducción (f) (texto)	traduction (f)	[tradyksjõ]
traductor (m)	traducteur (m)	[tradyktœr]
intérprete (m)	interprète (m)	[ɛ̃tɛrprɛt]

| políglota (m) | polyglotte (m) | [pɔliglɔt] |
| memoria (f) | mémoire (f) | [memwar] |

Los restaurantes. El entretenimiento. El viaje

99. El viaje. Viajar

turismo (m)	tourisme (m)	[turism]
turista (m)	touriste (m)	[turist]
viaje (m)	voyage (m)	[vwajaʒ]
aventura (f)	aventure (f)	[avɑ̃tyr]
viaje (m)	voyage (m)	[vwajaʒ]
vacaciones (f pl)	vacances (f pl)	[vakɑ̃s]
estar de vacaciones	être en vacances	[ɛtr ɑ̃ vakɑ̃s]
descanso (m)	repos (m)	[rəpo]
tren (m)	train (m)	[trɛ̃]
en tren	en train	[ɑ̃ trɛ̃]
avión (m)	avion (m)	[avjɔ̃]
en avión	en avion	[ɑn avjɔ̃]
en coche	en voiture	[ɑ̃ vwatyr]
en barco	en bateau	[ɑ̃ bato]
equipaje (m)	bagage (m)	[bagaʒ]
maleta (f)	malle (f)	[mal]
carrito (m) de equipaje	chariot (m)	[ʃarjo]
pasaporte (m)	passeport (m)	[pɑspɔr]
visado (m)	visa (m)	[viza]
billete (m)	ticket (m)	[tikɛ]
billete (m) de avión	billet (m) d'avion	[bijɛ davjɔ̃]
guía (f) (libro)	guide (m)	[gid]
mapa (m)	carte (f)	[kart]
área (m) (~ rural)	région (f)	[reʒjɔ̃]
lugar (m)	endroit (m)	[ɑ̃drwa]
exotismo (m)	exotisme (m)	[ɛgzɔtism]
exótico (adj)	exotique (adj)	[ɛgzɔtik]
asombroso (adj)	étonnant (adj)	[etɔnɑ̃]
grupo (m)	groupe (m)	[grup]
excursión (f)	excursion (f)	[ɛkskyrsjɔ̃]
guía (m) (persona)	guide (m)	[gid]

100. El hotel

hôtel (m)	hôtel (m)	[otɛl]
motel (m)	motel (m)	[mɔtɛl]
de tres estrellas	3 étoiles	[trwa zetwal]

| de cinco estrellas | 5 étoiles | [sɛ̃k etwal] |
| hospedarse (vr) | descendre (vi) | [desɑ̃dr] |

habitación (f)	chambre (f)	[ʃɑ̃br]
habitación (f) individual	chambre (f) simple	[ʃɑ̃br sɛ̃pl]
habitación (f) doble	chambre (f) double	[ʃɑ̃br dubl]
reservar una habitación	réserver une chambre	[rezɛrve yn ʃɑ̃br]

| media pensión (f) | demi-pension (f) | [dəmipɑ̃sjɔ̃] |
| pensión (f) completa | pension (f) complète | [pɑ̃sjɔ̃ kɔ̃plɛt] |

con baño	avec une salle de bain	[avɛk yn saldəbɛ̃]
con ducha	avec une douche	[avɛk yn duʃ]
televisión (f) satélite	télévision (f) par satellite	[televizjɔ̃ par satelit]
climatizador (m)	climatiseur (m)	[klimatizœr]
toalla (f)	serviette (f)	[sɛrvjɛt]
llave (f)	clé, clef (f)	[kle]

administrador (m)	administrateur (m)	[administratœr]
camarera (f)	femme (f) de chambre	[fam də ʃɑ̃br]
maletero (m)	porteur (m)	[pɔrtœr]
portero (m)	portier (m)	[pɔrtje]

restaurante (m)	restaurant (m)	[rɛstɔrɑ̃]
bar (m)	bar (m)	[bar]
desayuno (m)	petit déjeuner (m)	[pəti deʒœne]
cena (f)	dîner (m)	[dine]
buffet (m) libre	buffet (m)	[byfɛ]

| vestíbulo (m) | hall (m) | [ol] |
| ascensor (m) | ascenseur (m) | [asɑ̃sœr] |

| NO MOLESTAR | PRIÈRE DE NE PAS DÉRANGER | [prijɛr dənəpa derɑ̃ʒe] |
| PROHIBIDO FUMAR | DÉFENSE DE FUMER | [defɑ̃s də fyme] |

95

EL EQUIPO TÉCNICO. EL TRANSPORTE

El equipo técnico

101. El computador

ordenador (m)	ordinateur (m)	[ɔrdinatœr]
ordenador (m) portátil	PC (m) portable	[pese pɔrtabl]
encender (vt)	allumer (vt)	[alyme]
apagar (vt)	éteindre (vt)	[etɛ̃dr]
teclado (m)	clavier (m)	[klavje]
tecla (f)	touche (f)	[tuʃ]
ratón (m)	souris (f)	[suri]
alfombrilla (f) para ratón	tapis (m) de souris	[tapi də suri]
botón (m)	bouton (m)	[butɔ̃]
cursor (m)	curseur (m)	[kyrsœr]
monitor (m)	moniteur (m)	[mɔnitœr]
pantalla (f)	écran (m)	[ekrɑ̃]
disco (m) duro	disque (m) dur	[disk dyr]
volumen (m) de disco duro	capacité (f) du disque dur	[kapasite dy disk dyr]
memoria (f)	mémoire (f)	[memwar]
memoria (f) operativa	mémoire (f) vive	[memwar viv]
archivo, fichero (m)	fichier (m)	[fiʃje]
carpeta (f)	dossier (m)	[dosje]
abrir (vt)	ouvrir (vt)	[uvrir]
cerrar (vt)	fermer (vt)	[fɛrme]
guardar (un archivo)	sauvegarder (vt)	[sovgarde]
borrar (vt)	supprimer (vt)	[syprime]
copiar (vt)	copier (vt)	[kɔpje]
ordenar (vt) (~ de A a Z, etc.)	trier (vt)	[trije]
copiar (vt)	copier (vt)	[kɔpje]
programa (m)	programme (m)	[prɔgram]
software (m)	logiciel (m)	[lɔʒisjɛl]
programador (m)	programmeur (m)	[prɔgramœr]
programar (vt)	programmer (vt)	[prɔgrame]
hacker (m)	hacker (m)	[ake:r]
contraseña (f)	mot (m) de passe	[mo də pɑs]
virus (m)	virus (m)	[virys]
detectar (vt)	découvrir (vt)	[dekuvrir]
octeto (m)	bit (m)	[bit]

megaocteto (m)	mégabit (m)	[megabit]
datos (m pl)	données (f pl)	[dɔne]
base (f) de datos	base (f) de données	[baz də dɔne]

cable (m)	câble (m)	[kabl]
desconectar (vt)	déconnecter (vt)	[dekɔnɛkte]
conectar (vt)	connecter (vt)	[kɔnɛkte]

102. El internet. El correo electrónico

internet (m), red (f)	Internet (m)	[ɛ̃tɛrnɛt]
navegador (m)	navigateur (m)	[navigatœr]
buscador (m)	moteur (m) de recherche	[mɔtœr də rəʃɛrʃ]
proveedor (m)	fournisseur (m) d'accès	[furnisœr daksɛ]

webmaster (m)	administrateur (m) de site	[administratœr də sit]
sitio (m) web	site (m) web	[sit wɛb]
página (f) web	page (f) web	[paʒ wɛb]

| dirección (f) | adresse (f) | [adrɛs] |
| libro (m) de direcciones | carnet (m) d'adresses | [karnɛ dadrɛs] |

| buzón (m) | boîte (f) de réception | [bwat də resɛpsjɔ̃] |
| correo (m) | courrier (m) | [kurje] |

mensaje (m)	message (m)	[mesaʒ]
correo (m) entrante	messages (pl) entrants	[mesaʒ ɑ̃trɑ̃]
correo (m) saliente	messages (pl) sortants	[mesaʒ sɔrtɑ̃]
expedidor (m)	expéditeur (m)	[ɛkspeditœr]
enviar (vt)	envoyer (vt)	[ɑ̃vwaje]
envío (m)	envoi (m)	[ɑ̃vwa]

| destinatario (m) | destinataire (m) | [dɛstinatɛr] |
| recibir (vt) | recevoir (vt) | [rəsəvwar] |

| correspondencia (f) | correspondance (f) | [kɔrɛspɔ̃dɑ̃s] |
| escribirse con ... | être en correspondance | [ɛtr ɑ̃ kɔrɛspɔ̃dɑ̃s] |

archivo, fichero (m)	fichier (m)	[fiʃje]
descargar (vt)	télécharger (vt)	[teleʃarʒe]
crear (vt)	créer (vt)	[kree]
borrar (vt)	supprimer (vt)	[syprime]
borrado (adj)	supprimé (adj)	[syprime]

conexión (f) (ADSL, etc.)	connexion (f)	[kɔnɛksjɔ̃]
velocidad (f)	vitesse (f)	[vitɛs]
módem (m)	modem (m)	[mɔdɛm]
acceso (m)	accès (m)	[aksɛ]
puerto (m)	port (m)	[pɔr]

conexión (f) (establecer la ~)	connexion (f)	[kɔnɛksjɔ̃]
conectarse a ...	se connecter à ...	[sə kɔnɛkte a]
seleccionar (vt)	sélectionner (vt)	[selɛksjɔne]
buscar (vt)	rechercher (vt)	[rəʃɛrʃe]

103. La electricidad

electricidad (f)	électricité (f)	[elɛktrisite]
eléctrico (adj)	électrique (adj)	[elɛktrik]
central (f) eléctrica	centrale (f) électrique	[sɑ̃tral elɛktrik]
energía (f)	énergie (f)	[enɛrʒi]
energía (f) eléctrica	énergie (f) électrique	[enɛrʒi elɛktrik]

bombilla (f)	ampoule (f)	[ɑ̃pul]
linterna (f)	torche (f)	[tɔrʃ]
farola (f)	réverbère (m)	[revɛrbɛr]

luz (f)	lumière (f)	[lymjɛr]
encender (vt)	allumer (vt)	[alyme]
apagar (vt)	éteindre (vt)	[etɛ̃dr]
apagar la luz	éteindre la lumière	[etɛ̃dr la lymjɛr]

quemarse (vr)	être grillé	[ɛtr grije]
circuito (m) corto	court-circuit (m)	[kursirkɥi]
ruptura (f)	rupture (f)	[ryptyr]
contacto (m)	contact (m)	[kɔ̃takt]

interruptor (m)	interrupteur (m)	[ɛ̃teryptœr]
enchufe (m)	prise (f)	[priz]
clavija (f)	fiche (f)	[fiʃ]
alargador (m)	rallonge (f)	[ralɔ̃ʒ]

fusible (m)	fusible (m)	[fyzibl]
hilo (m)	fil (m)	[fil]
instalación (f) eléctrica	installation (f) électrique	[ɛ̃stalasjɔ̃ elɛktrik]

amperio (m)	ampère (m)	[ɑ̃pɛr]
amperaje (m)	intensité (f) du courant	[ɛ̃tɑ̃site dy kurɑ̃]
voltio (m)	volt (m)	[vɔlt]
voltaje (m)	tension (f)	[tɑ̃sjɔ̃]

| aparato (m) eléctrico | appareil (m) électrique | [aparɛj elɛktrik] |
| indicador (m) | indicateur (m) | [ɛ̃dikatœr] |

electricista (m)	électricien (m)	[elɛktrisjɛ̃]
soldar (vt)	souder (vt)	[sude]
soldador (m)	fer (m) à souder	[fɛr asude]
corriente (f)	courant (m)	[kurɑ̃]

104. Las herramientas

instrumento (m)	outil (m)	[uti]
instrumentos (m pl)	outils (m pl)	[uti]
maquinaria (f)	équipement (m)	[ekipmɑ̃]

martillo (m)	marteau (m)	[marto]
destornillador (m)	tournevis (m)	[turnəvis]
hacha (f)	hache (f)	[aʃ]

sierra (f)	scie (f)	[si]
serrar (vt)	scier (vt)	[sje]
cepillo (m)	rabot (m)	[rabo]
cepillar (vt)	raboter (vt)	[rabɔte]
soldador (m)	fer (m) à souder	[fɛr asude]
soldar (vt)	souder (vt)	[sude]

lima (f)	lime (f)	[lim]
tenazas (f pl)	tenailles (f pl)	[tənɑj]
alicates (m pl)	pince (f) plate	[pɛ̃s plat]
escoplo (m)	ciseau (m)	[sizo]

broca (f)	foret (m)	[fɔrɛ]
taladro (m)	perceuse (f)	[pɛrsøz]
taladrar (vi, vt)	percer (vt)	[pɛrse]

cuchillo (m)	couteau (m)	[kuto]
filo (m)	lame (f)	[lam]

agudo (adj)	bien affilé (adj)	[bjɛn afile]
embotado (adj)	émoussé (adj)	[emuse]
embotarse (vr)	s'émousser (vp)	[semuse]
afilar (vt)	affiler (vt)	[afile]

perno (m)	boulon (m)	[bulɔ̃]
tuerca (f)	écrou (m)	[ekru]
filete (m)	filetage (m)	[filtaʒ]
tornillo (m)	vis (f) à bois	[vi za bwa]

clavo (m)	clou (m)	[klu]
cabeza (f) del clavo	tête (f) de clou	[tɛt də klu]

regla (f)	règle (f)	[rɛgl]
cinta (f) métrica	mètre (m) à ruban	[mɛtr a rybɑ̃]
nivel (m) de burbuja	niveau (m) à bulle	[nivo a byl]
lupa (f)	loupe (f)	[lup]

aparato (m) de medida	appareil (m) de mesure	[aparɛj də məzyr]
medir (vt)	mesurer (vt)	[məzyre]
escala (f) (~ métrica)	échelle (f)	[eʃɛl]
lectura (f)	relevé (m)	[rəlve]

compresor (m)	compresseur (m)	[kɔ̃presœr]
microscopio (m)	microscope (m)	[mikrɔskɔp]

bomba (f) (~ de agua)	pompe (f)	[pɔ̃p]
robot (m)	robot (m)	[rɔbo]
láser (m)	laser (m)	[lazɛr]

llave (f) de tuerca	clé (f) de serrage	[kle də seraʒ]
cinta (f) adhesiva	ruban (m) adhésif	[rybɑ̃ adezif]
pegamento (m)	colle (f)	[kɔl]

papel (m) de lija	papier (m) d'émeri	[papje dɛmri]
resorte (m)	ressort (m)	[rəsɔr]
imán (m)	aimant (m)	[ɛmɑ̃]

guantes (m pl)	gants (m pl)	[gɑ̃]
cuerda (f)	corde (f)	[kɔrd]
cordón (m)	cordon (m)	[kɔrdɔ̃]
hilo (m) (~ eléctrico)	fil (m)	[fil]
cable (m)	câble (m)	[kabl]
almádana (f)	masse (f)	[mas]
barra (f)	pic (m)	[pik]
escalera (f) portátil	escabeau (m)	[ɛskabo]
escalera (f) de tijera	échelle (f) double	[eʃɛl dubl]
atornillar (vt)	visser (vt)	[vise]
destornillar (vt)	dévisser (vt)	[devise]
apretar (vt)	serrer (vt)	[sere]
pegar (vt)	coller (vt)	[kɔle]
cortar (vt)	couper (vt)	[kupe]
fallo (m)	défaut (m)	[defo]
reparación (f)	réparation (f)	[reparasjɔ̃]
reparar (vt)	réparer (vt)	[repare]
regular, ajustar (vt)	régler (vt)	[regle]
verificar (vt)	vérifier (vt)	[verifje]
control (m)	vérification (f)	[verifikasjɔ̃]
lectura (f) (~ del contador)	relevé (m)	[rǝlve]
fiable (máquina)	fiable (adj)	[fjabl]
complicado (adj)	complexe (adj)	[kɔ̃plɛks]
oxidarse (vr)	rouiller (vi)	[ruje]
oxidado (adj)	rouillé (adj)	[ruje]
óxido (m)	rouille (f)	[ruj]

El transporte

105. El avión

avión (m)	avion (m)	[avjõ]
billete (m) de avión	billet (m) d'avion	[bijɛ davjõ]
compañía (f) aérea	compagnie (f) aérienne	[kõpaɲi aerjɛn]
aeropuerto (m)	aéroport (m)	[aeropɔr]
supersónico (adj)	supersonique (adj)	[sypɛrsɔnik]

comandante (m)	commandant (m) de bord	[kɔmãdã də bɔr]
tripulación (f)	équipage (m)	[ekipaʒ]
piloto (m)	pilote (m)	[pilɔt]
azafata (f)	hôtesse (f) de l'air	[otɛs də lɛr]
navegador (m)	navigateur (m)	[navigatœr]

alas (f pl)	ailes (f pl)	[ɛl]
cola (f)	queue (f)	[kø]
cabina (f)	cabine (f)	[kabin]
motor (m)	moteur (m)	[mɔtœr]
tren (m) de aterrizaje	train (m) d'atterrissage	[trɛ̃ daterisaʒ]
turbina (f)	turbine (f)	[tyrbin]

hélice (f)	hélice (f)	[elis]
caja (f) negra	boîte (f) noire	[bwat nwar]
timón (m)	gouvernail (m)	[guvɛrnaj]
combustible (m)	carburant (m)	[karbyrã]

instructivo (m) de seguridad	consigne (f) de sécurité	[kõsiɲ də sekyrite]
respirador (m) de oxígeno	masque (m) à oxygène	[mask a ɔksiʒɛn]
uniforme (m)	uniforme (m)	[ynifɔrm]

| chaleco (m) salvavidas | gilet (m) de sauvetage | [ʒilɛ də sovtaʒ] |
| paracaídas (m) | parachute (m) | [paraʃyt] |

despegue (m)	décollage (m)	[dekɔlaʒ]
despegar (vi)	décoller (vi)	[dekɔle]
pista (f) de despegue	piste (f) de décollage	[pist dekɔlaʒ]

| visibilidad (f) | visibilité (f) | [vizibilite] |
| vuelo (m) | vol (m) | [vɔl] |

| altura (f) | altitude (f) | [altityd] |
| pozo (m) de aire | trou (m) d'air | [tru dɛr] |

asiento (m)	place (f)	[plas]
auriculares (m pl)	écouteurs (m pl)	[ekutœr]
mesita (f) plegable	tablette (f)	[tablɛt]
ventana (f)	hublot (m)	[yblo]
pasillo (m)	couloir (m)	[kulwar]

106. El tren

tren (m)	train (m)	[trɛ̃]
tren (m) eléctrico	train (m) de banlieue	[trɛ̃ də bɑ̃ljø]
tren (m) rápido	TGV (m)	[teʒeve]
locomotora (f) diésel	locomotive (f) diesel	[lɔkɔmɔtiv djezɛl]
tren (m) de vapor	locomotive (f) à vapeur	[lɔkɔmɔtiv a vapœr]

coche (m)	wagon (m)	[vagɔ̃]
coche (m) restaurante	wagon-restaurant (m)	[vagɔ̃rɛstɔrɑ̃]

rieles (m pl)	rails (m pl)	[raj]
ferrocarril (m)	chemin (m) de fer	[ʃəmɛ̃ də fɛr]
traviesa (f)	traverse (f)	[travɛrs]

plataforma (f)	quai (m)	[kɛ]
vía (f)	voie (f)	[vwa]
semáforo (m)	sémaphore (m)	[semafɔr]
estación (f)	station (f)	[stasjɔ̃]

maquinista (m)	conducteur (m) de train	[kɔ̃dyktœr də trɛ̃]
maletero (m)	porteur (m)	[pɔrtœr]
mozo (m) del vagón	steward (m)	[stiwart]
pasajero (m)	passager (m)	[pasaʒe]
revisor (m)	contrôleur (m)	[kɔ̃trolœr]

corredor (m)	couloir (m)	[kulwar]
freno (m) de urgencia	frein (m) d'urgence	[frɛ̃ dyrʒɑ̃s]

compartimiento (m)	compartiment (m)	[kɔ̃partimɑ̃]
litera (f)	couchette (f)	[kuʃɛt]
litera (f) de arriba	couchette (f) d'en haut	[kuʃɛt dɛ̃ o]
litera (f) de abajo	couchette (f) d'en bas	[kuʃɛt dɛ̃ba]
ropa (f) de cama	linge (m) de lit	[lɛ̃ʒ də li]

billete (m)	ticket (m)	[tikɛ]
horario (m)	horaire (m)	[ɔrɛr]
pantalla (f) de información	tableau (m) d'informations	[tablo dɛ̃fɔrmasjɔ̃]

partir (vi)	partir (vi)	[partir]
partida (f) (del tren)	départ (m)	[depar]
llegar (tren)	arriver (vi)	[arive]
llegada (f)	arrivée (f)	[arive]

llegar en tren	arriver en train	[arive ɑ̃ trɛ̃]
tomar el tren	prendre le train	[prɑ̃dr lə trɛ̃]
bajar del tren	descendre du train	[desɑ̃dr dy trɛ̃]

descarrilamiento (m)	accident (m) ferroviaire	[aksidɑ̃ ferɔvjɛr]
descarrilarse (vr)	dérailler (vi)	[deraje]

tren (m) de vapor	locomotive (f) à vapeur	[lɔkɔmɔtiv a vapœr]
fogonero (m)	chauffeur (m)	[ʃofœr]
hogar (m)	chauffe (f)	[ʃof]
carbón (m)	charbon (m)	[ʃarbɔ̃]

bandera (f)	pavillon (m)	[pavijɔ̃]
cabo (m) (maroma)	grosse corde (f) tressée	[gros kɔrd trese]
nudo (m)	nœud (m) marin	[nø marɛ̃]

| pasamano (m) | rampe (f) | [rɑ̃p] |
| pasarela (f) | passerelle (f) | [pɑsrɛl] |

ancla (f)	ancre (f)	[ɑ̃kr]
levar ancla	lever l'ancre	[ləve lɑ̃kr]
echar ancla	jeter l'ancre	[ʒəte lɑ̃kr]
cadena (f) del ancla	chaîne (f) d'ancrage	[ʃɛn dɑ̃kraʒ]

puerto (m)	port (m)	[pɔr]
embarcadero (m)	embarcadère (m)	[ɑ̃barkadɛr]
amarrar (vt)	accoster (vi)	[akɔste]
desamarrar (vt)	larguer les amarres	[large lezamar]

viaje (m)	voyage (m)	[vwajaʒ]
crucero (m) (viaje)	croisière (f)	[krwazjɛr]
derrota (f) (rumbo)	cap (m)	[kap]
itinerario (m)	itinéraire (m)	[itinerɛr]

canal (m) navegable	chenal (m)	[ʃənal]
bajío (m)	bas-fond (m)	[bafɔ̃]
encallar (vi)	échouer sur un bas-fond	[eʃwe syr œ̃ bafɔ̃]

tempestad (f)	tempête (f)	[tɑ̃pɛt]
señal (f)	signal (m)	[siɲal]
hundirse (vr)	sombrer (vi)	[sɔ̃bre]
¡Hombre al agua!	Un homme à la mer!	[ynɔm alamɛr]
SOS	SOS (m)	[ɛsoɛs]
aro (m) salvavidas	bouée (f) de sauvetage	[bwe də sovtaʒ]

108. El aeropuerto

aeropuerto (m)	aéroport (m)	[aeropɔr]
avión (m)	avion (m)	[avjɔ̃]
compañía (f) aérea	compagnie (f) aérienne	[kɔ̃paɲi aerjɛn]
controlador (m) aéreo	contrôleur (m) aérien	[kɔ̃trolœr aerjɛ̃]

despegue (m)	départ (m)	[depar]
llegada (f)	arrivée (f)	[arive]
llegar (en avión)	arriver (vi)	[arive]

| hora (f) de salida | temps (m) de départ | [tɑ̃ də depar] |
| hora (f) de llegada | temps (m) d'arrivée | [tɑ̃ darive] |

| retrasarse (vr) | être retardé | [ɛtr rətarde] |
| retraso (m) de vuelo | retard (m) de l'avion | [rətar də lavjɔ̃] |

pantalla (f) de información	tableau (m) d'informations	[tablo dɛ̃fɔrmasjɔ̃]
información (f)	information (f)	[ɛ̃fɔrmasjɔ̃]
anunciar (vt)	annoncer (vt)	[anɔ̃se]
vuelo (m)	vol (m)	[vɔl]

107. El barco

| buque (m) | bateau (m) | [bato] |
| navío (m) | navire (m) | [navir] |

buque (m) de vapor	bateau (m) à vapeur	[bato ɑ vapœr]
motonave (m)	paquebot (m)	[pakbo]
trasatlántico (m)	bateau (m) de croisière	[bato də krwazjɛr]
crucero (m)	croiseur (m)	[krwazœr]

yate (m)	yacht (m)	[jot]
remolcador (m)	remorqueur (m)	[rəmɔrkœr]
barcaza (f)	péniche (f)	[peniʃ]
ferry (m)	ferry (m)	[feri]

| velero (m) | voilier (m) | [vwalje] |
| bergantín (m) | brigantin (m) | [brigɑ̃tɛ̃] |

| rompehielos (m) | brise-glace (m) | [brizglas] |
| submarino (m) | sous-marin (m) | [sumarɛ̃] |

bote (m) de remo	canot (m) à rames	[kano ɑ ram]
bote (m)	dinghy (m)	[diŋgi]
bote (m) salvavidas	canot (m) de sauvetage	[kano də sovtaʒ]
lancha (f) motora	canot (m) à moteur	[kano ɑ mɔtœr]

capitán (m)	capitaine (m)	[kapitɛn]
marinero (m)	matelot (m)	[matlo]
marino (m)	marin (m)	[marɛ̃]
tripulación (f)	équipage (m)	[ekipaʒ]

contramaestre (m)	maître (m) d'équipage	[mɛtr dekipaʒ]
grumete (m)	mousse (m)	[mus]
cocinero (m) de abordo	cuisinier (m) du bord	[kɥizinje dy bɔr]
médico (m) del buque	médecin (m) de bord	[medsɛ̃ də bɔr]

cubierta (f)	pont (m)	[pɔ̃]
mástil (m)	mât (m)	[mɑ]
vela (f)	voile (f)	[vwal]

bodega (f)	cale (f)	[kal]
proa (f)	proue (f)	[pru]
popa (f)	poupe (f)	[pup]
remo (m)	rame (f)	[ram]
hélice (f)	hélice (f)	[elis]

camarote (m)	cabine (f)	[kabin]
sala (f) de oficiales	carré (m) des officiers	[kare dezɔfisje]
sala (f) de máquinas	salle (f) des machines	[sal de maʃin]
puente (m) de mando	passerelle (f)	[pɑsrɛl]
sala (f) de radio	cabine (f) de T.S.F.	[kabin də teɛsɛf]
onda (f)	onde (f)	[ɔ̃d]
cuaderno (m) de bitácora	journal (m) de bord	[ʒurnal də bɔr]
anteojo (m)	longue-vue (f)	[lɔ̃gvy]
campana (f)	cloche (f)	[klɔʃ]

aduana (f)	douane (f)	[dwan]
aduanero (m)	douanier (m)	[dwanje]
declaración (f) de aduana	déclaration (f) de douane	[deklarasjɔ̃ də dwan]
rellenar (vt)	remplir (vt)	[rãplir]
rellenar la declaración	remplir la déclaration	[rãplir la deklarasjɔ̃]
control (m) de pasaportes	contrôle (m) de passeport	[kɔ̃trol də paspɔr]
equipaje (m)	bagage (m)	[bagaʒ]
equipaje (m) de mano	bagage (m) à main	[bagaʒ a mɛ̃]
carrito (m) de equipaje	chariot (m)	[ʃarjo]
aterrizaje (m)	atterrissage (m)	[aterisaʒ]
pista (f) de aterrizaje	piste (f) d'atterrissage	[pist daterisaʒ]
aterrizar (vi)	atterrir (vi)	[aterir]
escaleras (f pl) (de avión)	escalier (m) d'avion	[ɛskalje davjɔ̃]
facturación (f) (check-in)	enregistrement (m)	[ãrəʒistrəmã]
mostrador (m) de facturación	comptoir (m) d'enregistrement	[kɔ̃twar dãrəʒistrəmã]
hacer el check-in	s'enregistrer (vp)	[sãrəʒistre]
tarjeta (f) de embarque	carte (f) d'embarquement	[kart dãbarkəmã]
puerta (f) de embarque	porte (f) d'embarquement	[pɔrt dãbarkəmã]
tránsito (m)	transit (m)	[trãzit]
esperar (aguardar)	attendre (vt)	[atãdr]
zona (f) de preembarque	salle (f) d'attente	[sal datãt]
despedir (vt)	raccompagner (vt)	[rakɔ̃paɲe]
despedirse (vr)	dire au revoir	[dir ərəvwar]

Acontecimentos de la vida

109. Los días festivos. Los eventos

fiesta (f)	fête (f)	[fɛt]
fiesta (f) nacional	fête (f) nationale	[fɛt nasjɔnal]
día (m) de fiesta	jour (m) férié	[ʒur ferje]
festejar (vt)	célébrer (vt)	[selebre]

evento (m)	événement (m)	[evɛnmɑ̃]
medida (f)	événement (m)	[evɛnmɑ̃]
banquete (m)	banquet (m)	[bɑ̃kɛ]
recepción (f)	réception (f)	[resɛpsjɔ̃]
festín (m)	festin (m)	[fɛstɛ̃]

aniversario (m)	anniversaire (m)	[anivɛrsɛr]
jubileo (m)	jubilé (m)	[ʒybile]
celebrar (vt)	fêter, célébrer	[fete], [selebre]

Año (m) Nuevo	Nouvel An (m)	[nuvɛl ɑ̃]
¡Feliz Año Nuevo!	Bonne année!	[bɔn ane]
Papá Noel (m)	Père Noël (m)	[pɛr nɔɛl]

Navidad (f)	Noël (m)	[nɔɛl]
¡Feliz Navidad!	Joyeux Noël!	[ʒwajø nɔɛl]
árbol (m) de Navidad	arbre (m) de Noël	[arbr də noɛl]
fuegos (m pl) artificiales	feux (m pl) d'artifice	[fø dartifis]

boda (f)	mariage (m)	[marjaʒ]
novio (m)	fiancé (m)	[fijɑ̃se]
novia (f)	fiancée (f)	[fijɑ̃se]

invitar (vt)	inviter (vt)	[ɛ̃vite]
tarjeta (f) de invitación	lettre (f) d'invitation	[lɛtr dɛ̃vitasjɔ̃]

invitado (m)	invité (m)	[ɛ̃vite]
visitar (vt) (a los amigos)	visiter (vt)	[vizite]
recibir a los invitados	accueillir les invités	[akœjir lezɛ̃vite]

regalo (m)	cadeau (m)	[kado]
regalar (vt)	offrir (vt)	[ɔfrir]
recibir regalos	recevoir des cadeaux	[rəsəvwar de kado]
ramo (m) de flores	bouquet (m)	[bukɛ]

felicitación (f)	félicitations (f pl)	[felisitasjɔ̃]
felicitar (vt)	féliciter (vt)	[felisite]

tarjeta (f) de felicitación	carte (f) de veux	[kart də vœ]
enviar una tarjeta	envoyer une carte	[ɑ̃vwaje yn kart]
recibir una tarjeta	recevoir une carte	[rəsəvwar yn kart]

brindis (m)	toast (m)	[tost]
ofrecer (~ una copa)	offrir (vt)	[ɔfrir]
champaña (f)	champagne (m)	[ʃɑ̃paɲ]

divertirse (vr)	s'amuser (vp)	[samyze]
diversión (f)	gaieté (f)	[gete]
alegría (f) (emoción)	joie (f)	[ʒwa]

baile (m)	danse (f)	[dɑ̃s]
bailar (vi, vt)	danser (vi, vt)	[dɑ̃se]

vals (m)	valse (f)	[vals]
tango (m)	tango (m)	[tɑ̃go]

110. Los funerales. El entierro

cementerio (m)	cimetière (m)	[simɑ̃tje]
tumba (f)	tombe (f)	[tɔ̃b]
cruz (f)	croix (f)	[krwa]
lápida (f)	pierre (f) tombale	[pjɛr tɔ̃bal]
verja (f)	clôture (f)	[klotyr]
capilla (f)	chapelle (f)	[ʃapɛl]

muerte (f)	mort (f)	[mɔr]
morir (vi)	mourir (vi)	[murir]
difunto (m)	défunt (m)	[defœ̃]
luto (m)	deuil (m)	[dœj]

enterrar (vt)	enterrer (vt)	[ɑ̃tere]
funeraria (f)	maison (f) funéraire	[mɛzɔ̃ fynerɛr]
entierro (m)	enterrement (m)	[ɑ̃tɛrmɑ̃]

corona (f) funeraria	couronne (f)	[kurɔn]
ataúd (m)	cercueil (m)	[sɛrkœj]
coche (m) fúnebre	corbillard (m)	[kɔrbijar]
mortaja (f)	linceul (m)	[lɛ̃sœl]

cortejo (m) fúnebre	cortège (m) funèbre	[kɔrtɛʒ fynɛbr]
urna (f) funeraria	urne (f) funéraire	[yrn fynerɛr]
crematorio (m)	crématoire (m)	[krematwar]

necrología (f)	nécrologue (m)	[nekrɔlɔg]
llorar (vi)	pleurer (vi)	[plœre]
sollozar (vi)	sangloter (vi)	[sɑ̃glɔte]

111. La guerra. Los soldados

sección (f)	section (f)	[sɛksjɔ̃]
compañía (f)	compagnie (f)	[kɔ̃paɲi]
regimiento (m)	régiment (m)	[reʒimɑ̃]
ejército (m)	armée (f)	[arme]
división (f)	division (f)	[divizjɔ̃]

| destacamento (m) | détachement (m) | [detaʃmã] |
| hueste (f) | armée (f) | [arme] |

| soldado (m) | soldat (m) | [sɔlda] |
| oficial (m) | officier (m) | [ɔfisje] |

soldado (m) raso	soldat (m)	[sɔlda]
sargento (m)	sergent (m)	[sɛrʒã]
teniente (m)	lieutenant (m)	[ljøtnã]
capitán (m)	capitaine (m)	[kapitɛn]
mayor (m)	commandant (m)	[kɔmãdã]
coronel (m)	colonel (m)	[kɔlɔnɛl]
general (m)	général (m)	[ʒeneral]

marino (m)	marin (m)	[marɛ̃]
capitán (m)	capitaine (m)	[kapitɛn]
contramaestre (m)	maître (m) d'équipage	[mɛtr dekipaʒ]
artillero (m)	artilleur (m)	[artijœr]
paracaidista (m)	parachutiste (m)	[paraʃytist]
piloto (m)	pilote (m)	[pilɔt]
navegador (m)	navigateur (m)	[navigatœr]
mecánico (m)	mécanicien (m)	[mekanisjɛ̃]

zapador (m)	démineur (m)	[deminœr]
paracaidista (m)	parachutiste (m)	[paraʃytist]
explorador (m)	éclaireur (m)	[eklɛrœr]
francotirador (m)	tireur (m) d'élite	[tirœr delit]

patrulla (f)	patrouille (f)	[patruj]
patrullar (vi, vt)	patrouiller (vi)	[patruje]
centinela (m)	sentinelle (f)	[sãtinɛl]
guerrero (m)	guerrier (m)	[gɛrje]
patriota (m)	patriote (m)	[patrijɔt]
héroe (m)	héros (m)	[ero]
heroína (f)	héroïne (f)	[erɔin]

| traidor (m) | traître (m) | [trɛtr] |
| traicionar (vt) | trahir (vt) | [trair] |

| desertor (m) | déserteur (m) | [dezɛrtœr] |
| desertar (vi) | déserter (vt) | [dezɛrte] |

mercenario (m)	mercenaire (m)	[mɛrsənɛr]
recluta (m)	recrue (f)	[rəkry]
voluntario (m)	volontaire (m)	[vɔlõtɛr]

muerto (m)	mort (m)	[mɔr]
herido (m)	blessé (m)	[blese]
prisionero (m)	prisonnier (m) de guerre	[prizɔnje də gɛr]

112. La guerra. Las maniobras militares. Unidad 1

| guerra (f) | guerre (f) | [gɛr] |
| estar en guerra | faire la guerre | [fɛr la gɛr] |

guerra (f) civil	guerre (f) civile	[gɛr sivil]
pérfidamente (adv)	perfidement (adv)	[pɛrfidmɑ̃]
declaración (f) de guerra	déclaration (f) de guerre	[deklarasjõ də gɛr]
declarar (~ la guerra)	déclarer (vt)	[deklare]
agresión (f)	agression (f)	[agrɛsjõ]
atacar (~ a un país)	attaquer (vt)	[atake]
invadir (vt)	envahir (vt)	[ɑ̃vair]
invasor (m)	envahisseur (m)	[ɑ̃vaisœr]
conquistador (m)	conquérant (m)	[kõkerɑ̃]
defensa (f)	défense (f)	[defɑ̃s]
defender (vt)	défendre (vt)	[defɑ̃dr]
defenderse (vr)	se défendre (vp)	[sə defɑ̃dr]
enemigo (m)	ennemi (m)	[ɛnmi]
adversario (m)	adversaire (m)	[advɛrsɛr]
enemigo (adj)	ennemi (adj)	[ɛnmi]
estrategia (f)	stratégie (f)	[strateʒi]
táctica (f)	tactique (f)	[taktik]
orden (f)	ordre (m)	[ɔrdr]
comando (m)	commande (f)	[kɔmɑ̃d]
ordenar (vt)	ordonner (vt)	[ɔrdɔne]
misión (f)	mission (f)	[misjõ]
secreto (adj)	secret (adj)	[səkrɛ]
batalla (f)	bataille (f)	[bataj]
combate (m)	combat (m)	[kõba]
ataque (m)	attaque (f)	[atak]
asalto (m)	assaut (m)	[aso]
tomar por asalto	prendre d'assaut	[prɑ̃dr daso]
asedio (m), sitio (m)	siège (m)	[sjɛʒ]
ofensiva (f)	offensive (f)	[ɔfɑ̃siv]
tomar la ofensiva	passer à l'offensive	[pase ɑ lɔfɑ̃siv]
retirada (f)	retraite (f)	[rətrɛt]
retirarse (vr)	faire retraite	[fɛr rətrɛt]
envolvimiento (m)	encerclement (m)	[ɑ̃sɛrkləmɑ̃]
cercar (vt)	encercler (vt)	[ɑ̃sɛrkle]
bombardeo (m)	bombardement (m)	[bõbardəmɑ̃]
lanzar una bomba	lancer une bombe	[lɑ̃se yn bõb]
bombear (vt)	bombarder (vt)	[bõbarde]
explosión (f)	explosion (f)	[ɛksplozjõ]
tiro (m), disparo (m)	coup (m) de feu	[ku də fø]
disparar (vi)	tirer un coup de feu	[tire œ̃ ku də fø]
tiroteo (m)	fusillade (f)	[fyzijad]
apuntar a ...	viser (vt)	[vize]
encarar (apuntar)	pointer (sur ...)	[pwɛ̃te syr]

alcanzar (el objetivo)	atteindre (vt)	[atɛ̃dr]
hundir (vt)	faire sombrer	[fɛr sɔ̃bre]
brecha (f) (~ en el casco)	trou (m)	[tru]
hundirse (vr)	sombrer (vi)	[sɔ̃bre]

frente (m)	front (m)	[frɔ̃]
evacuación (f)	évacuation (f)	[evakɥasjɔ̃]
evacuar (vt)	évacuer (vt)	[evakɥe]

trinchera (f)	tranchée (f)	[trɑ̃ʃe]
alambre (m) de púas	barbelés (m pl)	[barbəle]
barrera (f) (~ antitanque)	barrage (m)	[baraʒ]
torre (f) de vigilancia	tour (f) de guet	[tur də gɛ]

hospital (m)	hôpital (m)	[ɔpital]
herir (vt)	blesser (vt)	[blese]
herida (f)	blessure (f)	[blesyr]
herido (m)	blessé (m)	[blese]
recibir una herida	être blessé	[ɛtr blese]
grave (herida)	grave (adj)	[grav]

113. La guerra. Las maniobras militares. Unidad 2

cautiverio (m)	captivité (f)	[kaptivite]
capturar (vt)	captiver (vt)	[kaptive]
estar en cautiverio	être prisonnier	[ɛtr prizɔnje]
caer prisionero	être fait prisonnier	[ɛtr fɛ prizɔnje]

campo (m) de concentración	camp (m) de concentration	[kɑ̃ də kɔ̃sɑ̃trasjɔ̃]
prisionero (m)	prisonnier (m) de guerre	[prizɔnje də gɛr]
escapar (de cautiverio)	s'enfuir (vp)	[sɑ̃fɥir]

traicionar (vt)	trahir (vt)	[trair]
traidor (m)	traître (m)	[trɛtr]
traición (f)	trahison (f)	[traizɔ̃]

fusilar (vt)	fusiller (vt)	[fyzije]
fusilamiento (m)	fusillade (f)	[fyzijad]

equipo (m) (uniforme, etc.)	équipement (m)	[ekipmɑ̃]
hombrera (f)	épaulette (f)	[epolɛt]
máscara (f) antigás	masque (m) à gaz	[mask a gaz]

radio transmisor (m)	émetteur (m) radio	[emetœr radjo]
cifra (f) (código)	chiffre (m)	[ʃifr]
conspiración (f)	conspiration (f)	[kɔ̃spirasjɔ̃]
contraseña (f)	mot (m) de passe	[mo də pas]

mina (f) terrestre	mine (f) terrestre	[min tɛrɛstr]
minar (poner minas)	miner (vt)	[mine]
campo (m) minado	champ (m) de mines	[ʃɑ̃ də min]

alarma (f) aérea	alerte (f) aérienne	[alɛrt aerjɛ̃]
alarma (f)	signal (m) d'alarme	[siɲal dalarm]

| señal (f) | signal (m) | [siɲal] |
| cohete (m) de señales | fusée signal (f) | [fyze siɲal] |

estado (m) mayor	état-major (m)	[eta maʒɔr]
reconocimiento (m)	reconnaissance (f)	[rəkɔnɛsɑ̃s]
situación (f)	situation (f)	[sitɥasjɔ̃]
informe (m)	rapport (m)	[rapɔr]
emboscada (f)	embuscade (f)	[ɑ̃byskad]
refuerzo (m)	renfort (m)	[rɑ̃fɔr]

blanco (m)	cible (f)	[sibl]
terreno (m) de prueba	polygone (m)	[pɔligɔn]
maniobras (f pl)	manœuvres (f pl)	[manœvr]

pánico (m)	panique (f)	[panik]
devastación (f)	dévastation (f)	[devastasjɔ̃]
destrucciones (f pl)	destructions (f pl)	[dɛstryksjɔ̃]
destruir (vt)	détruire (vt)	[detrɥir]

sobrevivir (vi, vt)	survivre (vi)	[syrvivr]
desarmar (vt)	désarmer (vt)	[dezarme]
manejar (un arma)	manier (vt)	[manje]

| ¡Firmes! | Garde-à-vous! Fixe! | [gardavu], [fiks] |
| ¡Descanso! | Repos! | [rəpo] |

hazaña (f)	exploit (m)	[ɛksplwa]
juramento (m)	serment (m)	[sɛrmɑ̃]
jurar (vt)	jurer (vi)	[ʒyre]

condecoración (f)	décoration (f)	[dekɔrasjɔ̃]
condecorar (vt)	décorer (vt)	[dekɔre]
medalla (f)	médaille (f)	[medaj]
orden (f) (~ de Merito)	ordre (m)	[ɔrdr]

victoria (f)	victoire (f)	[viktwar]
derrota (f)	défaite (f)	[defɛt]
armisticio (m)	armistice (m)	[armistis]

bandera (f)	drapeau (m)	[drapo]
gloria (f)	gloire (f)	[glwar]
desfile (m) militar	défilé (m)	[defile]
marchar (desfilar)	marcher (vi)	[marʃe]

114. Las armas

arma (f)	arme (f)	[arm]
arma (f) de fuego	armes (f pl) à feu	[arm ɑ fø]
arma (f) blanca	armes (f pl) blanches	[arm blɑ̃ʃ]

arma (f) química	arme (f) chimique	[arm ʃimik]
nuclear (adj)	nucléaire (adj)	[nykleɛr]
arma (f) nuclear	arme (f) nucléaire	[arm nykleɛr]
bomba (f)	bombe (f)	[bɔ̃b]

bomba (f) atómica	bombe (f) atomique	[bɔ̃b atɔmik]
pistola (f)	pistolet (m)	[pistɔlɛ]
fusil (m)	fusil (m)	[fyzi]
metralleta (f)	mitraillette (f)	[mitrɑjɛt]
ametralladora (f)	mitrailleuse (f)	[mitrɑjøz]

boca (f)	bouche (f)	[buʃ]
cañón (m) (del arma)	canon (m)	[kanɔ̃]
calibre (m)	calibre (m)	[kalibr]

gatillo (m)	gâchette (f)	[gaʃɛt]
alza (f)	mire (f)	[mir]
cargador (m)	magasin (m)	[magazɛ̃]
culata (f)	crosse (f)	[krɔs]

granada (f) de mano	grenade (f)	[grənad]
explosivo (m)	explosif (m)	[ɛksplozif]

bala (f)	balle (f)	[bal]
cartucho (m)	cartouche (f)	[kartuʃ]
carga (f)	charge (f)	[ʃarʒ]
pertrechos (m pl)	munitions (f pl)	[mynisjɔ̃]

bombardero (m)	bombardier (m)	[bɔ̃bardje]
avión (m) de caza	avion (m) de chasse	[avjɔ̃ də ʃas]
helicóptero (m)	hélicoptère (m)	[elikɔptɛr]

antiaéreo (m)	pièce (f) de D.C.A.	[pjɛs də deseɑ]
tanque (m)	char (m)	[ʃar]
cañón (m) (de un tanque)	canon (m)	[kanɔ̃]

artillería (f)	artillerie (f)	[artijri]
cañón (m) (arma)	canon (m)	[kanɔ̃]
dirigir (un misil, etc.)	pointer sur …	[pwɛ̃te syr]

obús (m)	obus (m)	[ɔby]
bomba (f) de mortero	obus (m) de mortier	[ɔby də mɔrtje]
mortero (m)	mortier (m)	[mɔrtje]
trozo (m) de obús	éclat (m) d'obus	[ekla dɔby]

submarino (m)	sous-marin (m)	[sumarɛ̃]
torpedo (m)	torpille (f)	[tɔrpij]
misil (m)	missile (m)	[misil]

cargar (pistola)	charger (vt)	[ʃarʒe]
tirar (vi)	tirer (vi)	[tire]
apuntar a …	viser (vt)	[vize]
bayoneta (f)	baïonnette (f)	[bajɔnɛt]

espada (f) (duelo a ~)	épée (f)	[epe]
sable (m)	sabre (m)	[sabr]
lanza (f)	lance (f)	[lɑ̃s]
arco (m)	arc (m)	[ark]
flecha (f)	flèche (f)	[flɛʃ]
mosquete (m)	mousquet (m)	[muskɛ]
ballesta (f)	arbalète (f)	[arbalɛt]

115. Los pueblos antiguos

primitivo (adj)	primitif (adj)	[primitif]
prehistórico (adj)	préhistorique (adj)	[preistɔrik]
antiguo (adj)	ancien (adj)	[ɑ̃sjɛ̃]
Edad (f) de Piedra	Âge (m) de Pierre	[ɑʒ də pjɛr]
Edad (f) de Bronce	Âge (m) de Bronze	[ɑʒ də brɔ̃z]
Edad (f) de Hielo	période (f) glaciaire	[perjɔd glasjɛr]
tribu (f)	tribu (f)	[triby]
caníbal (m)	cannibale (m)	[kanibal]
cazador (m)	chasseur (m)	[ʃasœr]
cazar (vi, vt)	chasser (vi, vt)	[ʃase]
mamut (m)	mammouth (m)	[mamut]
caverna (f)	caverne (f)	[kavɛrn]
fuego (m)	feu (m)	[fø]
hoguera (f)	feu (m) de bois	[fø də bwa]
pintura (f) rupestre	dessin (m) rupestre	[desɛ̃ rypɛstr]
útil (m)	outil (m)	[uti]
lanza (f)	lance (f)	[lɑ̃s]
hacha (f) de piedra	hache (f) en pierre	[aʃɑ̃ pjɛr]
estar en guerra	faire la guerre	[fɛr la gɛr]
domesticar (vt)	domestiquer (vt)	[dɔmɛstike]
ídolo (m)	idole (f)	[idɔl]
adorar (vt)	adorer, vénérer (vt)	[adɔre], [venere]
superstición (f)	superstition (f)	[sypɛrstisjɔ̃]
rito (m)	rite (m)	[rit]
evolución (f)	évolution (f)	[evɔlysjɔ̃]
desarrollo (m)	développement (m)	[devlɔpmɑ̃]
desaparición (f)	disparition (f)	[disparisjɔ̃]
adaptarse (vr)	s'adapter (vp)	[sadapte]
arqueología (f)	archéologie (f)	[arkeɔlɔʒi]
arqueólogo (m)	archéologue (m)	[arkeɔlɔg]
arqueológico (adj)	archéologique (adj)	[arkeɔlɔʒik]
sitio (m) de excavación	site (m) d'excavation	[sit dɛkskavasjɔ̃]
excavaciones (f pl)	fouilles (f pl)	[fuj]
hallazgo (m)	trouvaille (f)	[truvaj]
fragmento (m)	fragment (m)	[fragmɑ̃]

116. La edad media

pueblo (m)	peuple (m)	[pœpl]
pueblos (m pl)	peuples (m pl)	[pœpl]
tribu (f)	tribu (f)	[triby]
tribus (f pl)	tribus (f pl)	[triby]
bárbaros (m pl)	Barbares (m pl)	[barbar]

galos (m pl)	Gaulois (m pl)	[golwa]
godos (m pl)	Goths (m pl)	[go]
eslavos (m pl)	Slaves (m pl)	[slav]
vikingos (m pl)	Vikings (m pl)	[vikiŋ]

| romanos (m pl) | Romains (m pl) | [rɔmɛ̃] |
| romano (adj) | romain (adj) | [rɔmɛ̃] |

bizantinos (m pl)	byzantins (m pl)	[bizɑ̃tɛ̃]
Bizancio (m)	Byzance (f)	[bizɑ̃s]
bizantino (adj)	byzantin (adj)	[bizɑ̃tɛ̃]

emperador (m)	empereur (m)	[ɑ̃prœr]
jefe (m)	chef (m)	[ʃɛf]
poderoso (adj)	puissant (adj)	[pyisɑ̃]
rey (m)	roi (m)	[rwa]
gobernador (m)	gouverneur (m)	[guvɛrnœr]

caballero (m)	chevalier (m)	[ʃəvalje]
señor (m) feudal	féodal (m)	[feɔdal]
feudal (adj)	féodal (adj)	[feɔdal]
vasallo (m)	vassal (m)	[vasal]

duque (m)	duc (m)	[dyk]
conde (m)	comte (m)	[kɔ̃t]
barón (m)	baron (m)	[barɔ̃]
obispo (m)	évêque (m)	[evɛk]

armadura (f)	armure (f)	[armyr]
escudo (m)	bouclier (m)	[buklije]
espada (f) (danza de ~s)	épée (f), glaive (m)	[epe], [glɛv]
visera (f)	visière (f)	[vizjɛr]
cota (f) de malla	cotte (f) de mailles	[kɔt də maj]

| cruzada (f) | croisade (f) | [krwazad] |
| cruzado (m) | croisé (m) | [krwaze] |

territorio (m)	territoire (m)	[tɛritwar]
atacar (~ a un país)	attaquer (vt)	[atake]
conquistar (vt)	conquérir (vt)	[kɔ̃kerir]
ocupar (invadir)	occuper (vt)	[ɔkype]

asedio (m), sitio (m)	siège (m)	[sjɛʒ]
sitiado (adj)	assiégé (adj)	[asjeʒe]
asediar, sitiar (vt)	assiéger (vt)	[asjeʒe]

inquisición (f)	inquisition (f)	[ɛ̃kizisjɔ̃]
inquisidor (m)	inquisiteur (m)	[ɛ̃kizitœr]
tortura (f)	torture (f)	[tɔrtyr]
cruel (adj)	cruel (adj)	[kryɛl]
hereje (m)	hérétique (m)	[eretik]
herejía (f)	hérésie (f)	[erezi]

navegación (f) marítima	navigation (f) en mer	[navigasjɔn ɑ̃ mɛr]
pirata (m)	pirate (m)	[pirat]
piratería (f)	piraterie (f)	[piratri]

abordaje (m)	abordage (m)	[abɔrdaʒ]
botín (m)	butin (m)	[bytɛ̃]
tesoros (m pl)	trésor (m)	[trezɔr]

descubrimiento (m)	découverte (f)	[dekuvɛrt]
descubrir (tierras nuevas)	découvrir (vt)	[dekuvrir]
expedición (f)	expédition (f)	[ɛkspedisjɔ̃]

mosquetero (m)	mousquetaire (m)	[muskətɛr]
cardenal (m)	cardinal (m)	[kardinal]
heráldica (f)	héraldique (f)	[eraldik]
heráldico (adj)	héraldique (adj)	[eraldik]

117. El líder. El jefe. Las autoridades

rey (m)	roi (m)	[rwa]
reina (f)	reine (f)	[rɛn]
real (adj)	royal (adj)	[rwajal]
reino (m)	royaume (m)	[rwajom]

príncipe (m)	prince (m)	[prɛ̃s]
princesa (f)	princesse (f)	[prɛ̃sɛs]

presidente (m)	président (m)	[prezidɑ̃]
vicepresidente (m)	vice-président (m)	[visprezidɑ̃]
senador (m)	sénateur (m)	[senatœr]

monarca (m)	monarque (m)	[mɔnark]
gobernador (m)	gouverneur (m)	[guvɛrnœr]
dictador (m)	dictateur (m)	[diktatœr]
tirano (m)	tyran (m)	[tirɑ̃]
magnate (m)	magnat (m)	[maɲa]

director (m)	directeur (m)	[dirɛktœr]
jefe (m)	chef (m)	[ʃɛf]
gerente (m)	gérant (m)	[ʒerɑ̃]
amo (m)	boss (m)	[bɔs]
dueño (m)	patron (m)	[patrɔ̃]

jefe (m), líder (m)	leader (m)	[lidœr]
jefe (m) (~ de delegación)	chef (m)	[ʃɛf]
autoridades (f pl)	autorités (f pl)	[ɔtɔrite]
superiores (m pl)	supérieurs (m pl)	[syperjœr]

gobernador (m)	gouverneur (m)	[guvɛrnœr]
cónsul (m)	consul (m)	[kɔ̃syl]
diplomático (m)	diplomate (m)	[diplɔmat]
alcalde (m)	maire (m)	[mɛr]
sheriff (m)	shérif (m)	[ʃerif]

emperador (m)	empereur (m)	[ɑ̃prœr]
zar (m)	tsar (m)	[tsar]
faraón (m)	pharaon (m)	[faraɔ̃]
jan (m), kan (m)	khan (m)	[kɑ̃]

118. Violar la ley. Los criminales. Unidad 1

bandido (m)	bandit (m)	[bɑ̃di]
crimen (m)	crime (m)	[krim]
criminal (m)	criminel (m)	[kriminɛl]
ladrón (m)	voleur (m)	[vɔlœr]
robar (vt)	voler (vt)	[vɔle]
robo (m)	vol (m)	[vɔl]
secuestrar (vt)	kidnapper (vt)	[kidnape]
secuestro (m)	kidnapping (m)	[kidnapiŋ]
secuestrador (m)	kidnappeur (m)	[kidnapœr]
rescate (m)	rançon (f)	[rɑ̃sɔ̃]
exigir un rescate	exiger une rançon	[ɛgziʒe yn rɑ̃sɔ̃]
robar (vt)	cambrioler (vt)	[kɑ̃brijɔle]
robo (m)	cambriolage (m)	[kɑ̃brijɔlaʒ]
atracador (m)	cambrioleur (m)	[kɑ̃brijɔlœr]
extorsionar (vt)	extorquer (vt)	[ɛkstɔrke]
extorsionista (m)	extorqueur (m)	[ɛkstɔrkœr]
extorsión (f)	extorsion (f)	[ɛkstɔrsjɔ̃]
matar, asesinar (vt)	tuer (vt)	[tɥe]
asesinato (m)	meurtre (m)	[mœrtr]
asesino (m)	meurtrier (m)	[mœrtrije]
tiro (m), disparo (m)	coup (m) de feu	[ku də fø]
disparar (vi)	tirer un coup de feu	[tire œ̃ ku də fø]
matar (a tiros)	abattre (vt)	[abatr]
tirar (vi)	tirer (vi)	[tire]
tiroteo (m)	coups (m pl) de feu	[ku də fø]
incidente (m)	incident (m)	[ɛ̃sidɑ̃]
pelea (f)	bagarre (f)	[bagar]
¡Socorro!	Au secours!	[osəkur]
víctima (f)	victime (f)	[viktim]
perjudicar (vt)	endommager (vt)	[ɑ̃dɔmaʒe]
daño (m)	dommage (m)	[dɔmaʒ]
cadáver (m)	cadavre (m)	[kadavr]
grave (un delito ~)	grave (adj)	[grav]
atacar (vt)	attaquer (vt)	[atake]
pegar (golpear)	battre (vt)	[batr]
apporear (vt)	passer à tabac	[pɑse a taba]
quitar (robar)	prendre (vt)	[prɑ̃dr]
acuchillar (vt)	poignarder (vt)	[pwaɲarde]
mutilar (vt)	mutiler (vt)	[mytile]
herir (vt)	blesser (vt)	[blese]
chantaje (m)	chantage (m)	[ʃɑ̃taʒ]
hacer chantaje	faire chanter	[fɛr ʃɑ̃te]

chantajista (m)	maître (m) chanteur	[mɛtr ʃɑ̃tœr]
extorsión (f)	racket (m) de protection	[rakɛt də prɔtɛksjɔ̃]
extorsionador (m)	racketteur (m)	[rakɛtœr]
gángster (m)	gangster (m)	[gɑ̃gstɛr]
mafia (f)	mafia (f)	[mafja]

carterista (m)	pickpocket (m)	[pikpɔkɛt]
ladrón (m) de viviendas	cambrioleur (m)	[kɑ̃brijolœr]
contrabandismo (m)	contrebande (f)	[kɔ̃trəbɑ̃d]
contrabandista (m)	contrebandier (m)	[kɔ̃trebɑ̃dje]

falsificación (f)	contrefaçon (f)	[kɔ̃trəfasɔ̃]
falsificar (vt)	falsifier (vt)	[falsifje]
falso (falsificado)	faux (adj)	[fo]

119. Violar la ley. Los criminales. Unidad 2

violación (f)	viol (m)	[vjɔl]
violar (vt)	violer (vt)	[vjɔle]
violador (m)	violeur (m)	[vjɔlœr]
maníaco (m)	maniaque (m)	[manjak]

prostituta (f)	prostituée (f)	[prɔstitɥe]
prostitución (f)	prostitution (f)	[prɔstitysjɔ̃]
chulo (m), proxeneta (m)	souteneur (m)	[sutnœr]

| drogadicto (m) | drogué (m) | [drɔge] |
| narcotraficante (m) | trafiquant (m) de drogue | [trafikɑ̃ də drɔg] |

hacer explotar	faire exploser	[fɛr ɛksploze]
explosión (f)	explosion (f)	[ɛksplozjɔ̃]
incendiar (vt)	mettre feu	[mɛtr fø]
incendiario (m)	incendiaire (m)	[ɛ̃sɑ̃djɛr]

terrorismo (m)	terrorisme (m)	[tɛrɔrism]
terrorista (m)	terroriste (m)	[tɛrɔrist]
rehén (m)	otage (m)	[ɔtaʒ]

estafar (vt)	escroquer (vt)	[ɛskrɔke]
estafa (f)	escroquerie (f)	[ɛskrɔkri]
estafador (m)	escroc (m)	[ɛskro]

sobornar (vt)	soudoyer (vt)	[sudwaje]
soborno (m) (delito)	corruption (f)	[kɔrypsjɔ̃]
soborno (m) (dinero, etc.)	pot-de-vin (m)	[podvɛ̃]

veneno (m)	poison (m)	[pwazɔ̃]
envenenar (vt)	empoisonner (vt)	[ɑ̃pwazɔne]
envenenarse (vr)	s'empoisonner (vp)	[sɑ̃pwazɔne]

suicidio (m)	suicide (m)	[sɥisid]
suicida (m, f)	suicidé (m)	[sɥiside]
amenazar (vt)	menacer (vt)	[mənase]
amenaza (f)	menace (f)	[mənas]

atentar (vi)	**attenter** (vt)	[atãte]
atentado (m)	**attentat** (m)	[atãta]

robar (un coche)	**voler** (vt)	[vɔle]
secuestrar (un avión)	**détourner** (vt)	[deturne]

venganza (f)	**vengeance** (f)	[vãʒãs]
vengar (vt)	**se venger** (vp)	[sə vãʒe]

torturar (vt)	**torturer** (vt)	[tɔrtyre]
tortura (f)	**torture** (f)	[tɔrtyr]
atormentar (vt)	**tourmenter** (vt)	[turmãte]

pirata (m)	**pirate** (m)	[pirat]
gamberro (m)	**voyou** (m)	[vwaju]
armado (adj)	**armé** (adj)	[arme]
violencia (f)	**violence** (f)	[vjɔlãs]
ilegal (adj)	**illégal** (adj)	[ilegal]

espionaje (m)	**espionnage** (m)	[ɛspjɔnaʒ]
espiar (vi, vt)	**espionner** (vt)	[ɛspjɔne]

120. La policía. La ley. Unidad 1

justicia (f)	**justice** (f)	[ʒystis]
tribunal (m)	**tribunal** (m)	[tribynal]

juez (m)	**juge** (m)	[ʒyʒ]
jurados (m pl)	**jury** (m)	[ʒyri]
tribunal (m) de jurados	**cour** (f) **d'assises**	[kur dasiz]
juzgar (vt)	**juger** (vt)	[ʒyʒe]

abogado (m)	**avocat** (m)	[avɔka]
acusado (m)	**accusé** (m)	[akyze]
banquillo (m) de los acusados	**banc** (m) **des accusés**	[bã dezakyze]

inculpación (f)	**inculpation** (f)	[ɛ̃kylpasjɔ̃]
inculpado (m)	**inculpé** (m)	[ɛ̃kylpe]

sentencia (f)	**condamnation** (f)	[kɔ̃danasjɔ̃]
sentenciar (vt)	**condamner** (vt)	[kɔ̃dane]

culpable (m)	**coupable** (m)	[kupabl]
castigar (vt)	**punir** (vt)	[pynir]
castigo (m)	**punition** (f)	[pynisjɔ̃]

multa (f)	**amende** (f)	[amãd]
cadena (f) perpetua	**détention** (f) **à vie**	[detãsjɔ̃ a vi]
pena (f) de muerte	**peine** (f) **de mort**	[pɛn də mɔr]
silla (f) eléctrica	**chaise** (f) **électrique**	[ʃɛz elɛktrik]
horca (f)	**potence** (f)	[pɔtãs]

ejecutar (vt)	**exécuter** (vt)	[ɛgzekyte]
ejecución (f)	**exécution** (f)	[ɛgzekysjɔ̃]

| prisión (f) | prison (f) | [prizõ] |
| celda (f) | cellule (f) | [selyl] |

escolta (f)	escorte (f)	[ɛskɔrt]
guardia (m) de prisiones	gardien (m) de prison	[gardjɛ̃ də prizõ]
prisionero (m)	prisonnier (m)	[prizɔnje]

| esposas (f pl) | menottes (f pl) | [mənɔt] |
| esposar (vt) | mettre les menottes | [mɛtr le mənɔt] |

escape (m)	évasion (f)	[evazjõ]
escaparse (vr)	s'évader (vp)	[sevade]
desaparecer (vi)	disparaître (vi)	[disparɛtr]
liberar (vt)	libérer (vt)	[libere]
amnistía (f)	amnistie (f)	[amnisti]

policía (f) (~ nacional)	police (f)	[pɔlis]
policía (m)	policier (m)	[pɔlisje]
comisaría (f) de policía	commissariat (m) de police	[kɔmisarja də pɔlis]
porra (f)	matraque (f)	[matrak]
megáfono (m)	haut parleur (m)	[o parlœr]

coche (m) patrulla	voiture (f) de patrouille	[vwatyr də patruj]
sirena (f)	sirène (f)	[sirɛn]
poner la sirena	enclencher la sirène	[ãklãʃe la sirɛn]
canto (m) de la sirena	hurlement (m) de la sirène	[yrləmã dəla sirɛn]

escena (f) del delito	lieu (m) du crime	[ljø dy krim]
testigo (m)	témoin (m)	[temwɛ̃]
libertad (f)	liberté (f)	[libɛrte]
cómplice (m)	complice (m)	[kõplis]
escapar de …	s'enfuir (vp)	[sãfɥir]
rastro (m)	trace (f)	[tras]

121. La policía. La ley. Unidad 2

búsqueda (f)	recherche (f)	[rəʃɛrʃ]
buscar (~ el criminal)	rechercher (vt)	[rəʃɛrʃe]
sospecha (f)	suspicion (f)	[syspisjõ]
sospechoso (adj)	suspect (adj)	[syspɛ]
parar (~ en la calle)	arrêter (vt)	[arete]
retener (vt)	détenir (vt)	[detnir]

causa (f) (~ penal)	affaire (f)	[afɛr]
investigación (f)	enquête (f)	[ãkɛt]
detective (m)	détective (m)	[detɛktiv]
investigador (m)	enquêteur (m)	[ãkɛtœr]
versión (f)	hypothèse (f)	[ipɔtɛz]

motivo (m)	motif (m)	[mɔtif]
interrogatorio (m)	interrogatoire (m)	[ɛ̃terɔgatwar]
interrogar (vt)	interroger (vt)	[ɛ̃terɔʒe]
interrogar (al testigo)	interroger (vt)	[ɛ̃terɔʒe]
control (m) (de vehículos, etc.)	inspection (f)	[ɛ̃spɛksjõ]

redada (f)	rafle (f)	[rafl]
registro (m) (~ de la casa)	perquisition (f)	[pɛrkizisjõ]
persecución (f)	poursuite (f)	[pursɥit]
perseguir (vt)	poursuivre (vt)	[pursɥivr]
rastrear (~ al criminal)	dépister (vt)	[depiste]
arresto (m)	arrestation (f)	[arɛstasjõ]
arrestar (vt)	arrêter (vt)	[arete]
capturar (vt)	attraper (vt)	[atrape]
captura (f)	capture (f)	[kaptyr]
documento (m)	document (m)	[dɔkymã]
prueba (f)	preuve (f)	[prœv]
probar (vt)	prouver (vt)	[pruve]
huella (f) (pisada)	empreinte (f) de pied	[ãprɛt də pje]
huellas (f pl) digitales	empreintes (f pl) digitales	[ãprɛt diʒital]
elemento (m) de prueba	élément (m) de preuve	[elemã də prœv]
coartada (f)	alibi (m)	[alibi]
inocente (no culpable)	innocent (adj)	[inɔsã]
injusticia (f)	injustice (f)	[ɛ̃ʒystis]
injusto (adj)	injuste (adj)	[ɛ̃ʒyst]
criminal (adj)	criminel (adj)	[kriminɛl]
confiscar (vt)	confisquer (vt)	[kõfiske]
narcótico (f)	drogue (f)	[drɔg]
arma (f)	arme (f)	[arm]
desarmar (vt)	désarmer (vt)	[dezarme]
ordenar (vt)	ordonner (vt)	[ɔrdɔne]
desaparecer (vi)	disparaître (vi)	[disparɛtr]
ley (f)	loi (f)	[lwa]
legal (adj)	légal (adj)	[legal]
ilegal (adj)	illégal (adj)	[ilegal]
responsabilidad (f)	responsabilité (f)	[rɛspõsabilite]
responsable (adj)	responsable (adj)	[rɛspõsabl]

LA NATURALEZA

La tierra. Unidad 1

122. El espacio

cosmos (m)	cosmos (m)	[kɔsmos]
espacial, cósmico (adj)	cosmique (adj)	[kɔsmik]
espacio (m) cósmico	espace (m) cosmique	[ɛspas kɔsmik]
mundo (m)	monde (m)	[mɔ̃d]
universo (m)	univers (m)	[ynivɛr]
galaxia (f)	galaxie (f)	[galaksi]
estrella (f)	étoile (f)	[etwal]
constelación (f)	constellation (f)	[kɔ̃stelasjɔ̃]
planeta (m)	planète (f)	[planɛt]
satélite (m)	satellite (m)	[satelit]
meteorito (m)	météorite (m)	[meteɔrit]
cometa (f)	comète (f)	[kɔmɛt]
asteroide (m)	astéroïde (m)	[asterɔid]
órbita (f)	orbite (f)	[ɔrbit]
girar (vi)	tourner (vi)	[turne]
atmósfera (f)	atmosphère (f)	[atmɔsfɛr]
Sol (m)	Soleil (m)	[sɔlɛj]
Sistema (m) Solar	système (m) solaire	[sistɛm sɔlɛr]
eclipse (m) de Sol	éclipse (f) de soleil	[leklips də sɔlɛj]
Tierra (f)	Terre (f)	[tɛr]
Luna (f)	Lune (f)	[lyn]
Marte (m)	Mars (m)	[mars]
Venus (f)	Vénus (f)	[venys]
Júpiter (m)	Jupiter (m)	[ʒypitɛr]
Saturno (m)	Saturne (m)	[satyrn]
Mercurio (m)	Mercure (m)	[mɛrkyr]
Urano (m)	Uranus (m)	[yranys]
Neptuno (m)	Neptune	[nɛptyn]
Plutón (m)	Pluton (m)	[plytɔ̃]
la Vía Láctea	la Voie Lactée	[la vwa lakte]
la Osa Mayor	la Grande Ours	[la grɑ̃d urs]
la Estrella Polar	la Polaire	[la pɔlɛr]
marciano (m)	martien (m)	[marsjɛ̃]
extraterrestre (m)	extraterrestre (m)	[ɛkstratɛrɛstr]

planetícola (m)	alien (m)	[aljen]
platillo (m) volante	soucoupe (f) volante	[sukup vɔlɑ̃t]
nave (f) espacial	vaisseau (m) spatial	[vɛso spasjal]
estación (f) orbital	station (f) orbitale	[stasjɔ̃ ɔrbital]
despegue (m)	lancement (m)	[lɑ̃smɑ̃]
motor (m)	moteur (m)	[mɔtœr]
tobera (f)	tuyère (f)	[tyjɛr]
combustible (m)	carburant (m)	[karbyrɑ̃]
carlinga (f)	cabine (f)	[kabin]
antena (f)	antenne (f)	[ɑ̃tɛn]
ventana (f)	hublot (m)	[yblo]
batería (f) solar	batterie (f) solaire	[batri sɔlɛr]
escafandra (f)	scaphandre (m)	[skafɑ̃dr]
ingravidez (f)	apesanteur (f)	[apəzɑ̃tœr]
oxígeno (m)	oxygène (m)	[ɔksiʒɛn]
atraque (m)	arrimage (m)	[arimaʒ]
realizar el atraque	s'arrimer à ...	[sarime a]
observatorio (m)	observatoire (m)	[ɔpsɛrvatwar]
telescopio (m)	télescope (m)	[teleskɔp]
observar (vt)	observer (vt)	[ɔpsɛrve]
explorar (~ el universo)	explorer (vt)	[ɛksplɔre]

123. La tierra

Tierra (f)	Terre (f)	[tɛr]
globo (m) terrestre	globe (m) terrestre	[glɔb tɛrɛstr]
planeta (m)	planète (f)	[planɛt]
atmósfera (f)	atmosphère (f)	[atmɔsfɛr]
geografía (f)	géographie (f)	[ʒeografi]
naturaleza (f)	nature (f)	[natyr]
globo (m) terráqueo	globe (m) de table	[glɔb də tabl]
mapa (m)	carte (f)	[kart]
atlas (m)	atlas (m)	[atlas]
Europa (f)	Europe (f)	[ørɔp]
Asia (f)	Asie (f)	[azi]
África (f)	Afrique (f)	[afrik]
Australia (f)	Australie (f)	[ostrali]
América (f)	Amérique (f)	[amerik]
América (f) del Norte	Amérique (f) du Nord	[amerik dy nɔr]
América (f) del Sur	Amérique (f) du Sud	[amerik dy syd]
Antártida (f)	l'Antarctique (m)	[lɑ̃tarktik]
Ártico (m)	l'Arctique (m)	[larktik]

124. Los puntos cardinales

norte (m)	nord (m)	[nɔr]
al norte	vers le nord	[vɛr lə nɔr]
en el norte	au nord	[onɔr]
del norte (adj)	du nord (adj)	[dy nɔr]

sur (m)	sud (m)	[syd]
al sur	vers le sud	[vɛr lə syd]
en el sur	au sud	[osyd]
del sur (adj)	du sud (adj)	[dy syd]

oeste (m)	ouest (m)	[wɛst]
al oeste	vers l'occident	[vɛr lɔksidã]
en el oeste	à l'occident	[alɔksidã]
del oeste (adj)	occidental (adj)	[ɔksidãtal]

este (m)	est (m)	[ɛst]
al este	vers l'orient	[vɛr lɔrjã]
en el este	à l'orient	[alɔrjã]
del este (adj)	oriental (adj)	[ɔrjãtal]

125. El mar. El océano

mar (m)	mer (f)	[mɛr]
océano (m)	océan (m)	[ɔseã]
golfo (m)	golfe (m)	[gɔlf]
estrecho (m)	détroit (m)	[detrwa]

tierra (f) firme	terre (f) ferme	[tɛr fɛrm]
continente (m)	continent (m)	[kõtinã]
isla (f)	île (f)	[il]
península (f)	presqu'île (f)	[prɛskil]
archipiélago (m)	archipel (m)	[arʃipɛl]

bahía (f)	baie (f)	[bɛ]
puerto (m)	port (m)	[pɔr]
laguna (f)	lagune (f)	[lagyn]
cabo (m)	cap (m)	[kap]

atolón (m)	atoll (m)	[atɔl]
arrecife (m)	récif (m)	[resif]
coral (m)	corail (m)	[kɔraj]
arrecife (m) de coral	récif (m) de corail	[resif də kɔraj]

profundo (adj)	profond (adj)	[prɔfõ]
profundidad (f)	profondeur (f)	[prɔfõdœr]
abismo (m)	abîme (m)	[abim]
fosa (f) oceánica	fosse (f) océanique	[fos ɔseanik]

corriente (f)	courant (m)	[kurã]
bañar (rodear)	baigner (vt)	[beɲe]
orilla (f)	littoral (m)	[litɔral]

costa (f)	côte (f)	[kot]
flujo (m)	marée (f) haute	[mare ot]
reflujo (m)	marée (f) basse	[mare bas]
banco (m) de arena	banc (m) de sable	[bɑ̃ də sabl]
fondo (m)	fond (m)	[fɔ̃]

ola (f)	vague (f)	[vag]
cresta (f) de la ola	crête (f) de la vague	[krɛt də la vag]
espuma (f)	mousse (f)	[mus]

tempestad (f)	tempête (f) en mer	[tɑ̃pɛt ɑ̃mɛr]
huracán (m)	ouragan (m)	[uragɑ̃]
tsunami (m)	tsunami (m)	[tsynami]
bonanza (f)	calme (m)	[kalm]
calmo, tranquilo	calme (adj)	[kalm]

| polo (m) | pôle (m) | [pol] |
| polar (adj) | polaire (adj) | [pɔlɛr] |

latitud (f)	latitude (f)	[latityd]
longitud (f)	longitude (f)	[lɔ̃ʒityd]
paralelo (m)	parallèle (f)	[paralɛl]
ecuador (m)	équateur (m)	[ekwatœr]

cielo (m)	ciel (m)	[sjɛl]
horizonte (m)	horizon (m)	[ɔrizɔ̃]
aire (m)	air (m)	[ɛr]

faro (m)	phare (m)	[far]
bucear (vi)	plonger (vi)	[plɔ̃ʒe]
hundirse (vr)	sombrer (vi)	[sɔ̃bre]
tesoros (m pl)	trésor (m)	[trezɔr]

126. Los nombres de los mares y los océanos

océano (m) Atlántico	océan (m) Atlantique	[ɔseɑn atlɑ̃tik]
océano (m) Índico	océan (m) Indien	[ɔseɑn ɛ̃djɛ̃]
océano (m) Pacífico	océan (m) Pacifique	[ɔseɑ̃ pasifik]
océano (m) Glacial Ártico	océan (m) Glacial	[ɔseɑ̃ glasjal]

mar (m) Negro	mer (f) Noire	[mɛr nwar]
mar (m) Rojo	mer (f) Rouge	[mɛr ruʒ]
mar (m) Amarillo	mer (f) Jaune	[mɛr ʒon]
mar (m) Blanco	mer (f) Blanche	[mɛr blɑ̃ʃ]

mar (m) Caspio	mer (f) Caspienne	[mɛr kaspjɛn]
mar (m) Muerto	mer (f) Morte	[mɛr mɔrt]
mar (m) Mediterráneo	mer (f) Méditerranée	[mɛr meditɛrane]

| mar (m) Egeo | mer (f) Égée | [mɛr eʒe] |
| mar (m) Adriático | mer (f) Adriatique | [mɛr adrijatik] |

| mar (m) Arábigo | mer (f) Arabique | [mɛr arabik] |
| mar (m) del Japón | mer (f) du Japon | [mɛr dy ʒapɔ̃] |

| mar (m) de Bering | mer (f) de Béring | [mɛr də beriŋ] |
| mar (m) de la China Meridional | mer (f) de Chine Méridionale | [mɛr də ʃin meridjɔnal] |

mar (m) del Coral	mer (f) de Corail	[mɛr də kɔraj]
mar (m) de Tasmania	mer (f) de Tasman	[mɛr də tasman]
mar (m) Caribe	mer (f) Caraïbe	[mɛr karaib]

| mar (m) de Barents | mer (f) de Barents | [mɛr də barɛ̃s] |
| mar (m) de Kara | mer (f) de Kara | [mɛr də kara] |

mar (m) del Norte	mer (f) du Nord	[mɛr dy nɔr]
mar (m) Báltico	mer (f) Baltique	[mɛr baltik]
mar (m) de Noruega	mer (f) de Norvège	[mɛr də nɔrvɛʒ]

127. Las montañas

montaña (f)	montagne (f)	[mɔ̃taɲ]
cadena (f) de montañas	chaîne (f) de montagnes	[ʃɛn də mɔ̃taɲ]
cresta (f) de montañas	crête (f)	[krɛt]

cima (f)	sommet (m)	[sɔmɛ]
pico (m)	pic (m)	[pik]
pie (m)	pied (m)	[pje]
cuesta (f)	pente (f)	[pɑ̃t]

volcán (m)	volcan (m)	[vɔlkɑ̃]
volcán (m) activo	volcan (m) actif	[vɔlkɑn aktif]
volcán (m) apagado	volcan (m) éteint	[vɔlkɑn etɛ̃]

erupción (f)	éruption (f)	[erypsjɔ̃]
cráter (m)	cratère (m)	[kratɛr]
magma (f)	magma (m)	[magma]
lava (f)	lave (f)	[lav]
fundido (lava ~a)	en fusion	[ɑ̃ fyzjɔ̃]

cañón (m)	canyon (m)	[kanjɔ̃]
desfiladero (m)	défilé (m)	[defile]
grieta (f)	crevasse (f)	[krəvas]
precipicio (m)	précipice (m)	[presipis]

puerto (m) (paso)	col (m)	[kɔl]
meseta (f)	plateau (m)	[plato]
roca (f)	rocher (m)	[rɔʃe]
colina (f)	colline (f)	[kɔlin]

glaciar (m)	glacier (m)	[glasje]
cascada (f)	chute (f) d'eau	[ʃyt do]
geiser (m)	geyser (m)	[ʒɛzɛr]
lago (m)	lac (m)	[lak]

llanura (f)	plaine (f)	[plɛn]
paisaje (m)	paysage (m)	[peizaʒ]
eco (m)	écho (m)	[eko]

125

alpinista (m)	alpiniste (m)	[alpinist]
escalador (m)	varappeur (m)	[varapœr]
conquistar (vt)	conquérir (vt)	[kõkerir]
ascensión (f)	ascension (f)	[asãsjõ]

128. Los nombres de las montañas

Alpes (m pl)	Alpes (f pl)	[alp]
Montblanc (m)	Mont Blanc (m)	[mõblã]
Pirineos (m pl)	Pyrénées (f pl)	[pirene]
Cárpatos (m pl)	Carpates (f pl)	[karpat]
Urales (m pl)	Monts Oural (m pl)	[mõ ural]
Cáucaso (m)	Caucase (m)	[kokaz]
Elbrus (m)	Elbrous (m)	[ɛlbrys]
Altai (m)	Altaï (m)	[altaj]
Tian-Shan (m)	Tian Chan (m)	[tjã ʃã]
Pamir (m)	Pamir (m)	[pamir]
Himalayos (m pl)	Himalaya (m)	[imalaja]
Everest (m)	Everest (m)	[evrɛst]
Andes (m pl)	Andes (f pl)	[ãd]
Kilimanjaro (m)	Kilimandjaro (m)	[kilimãdʒaro]

129. Los ríos

río (m)	rivière (f), fleuve (m)	[rivjɛr], [flœv]
manantial (m)	source (f)	[surs]
lecho (m) (curso de agua)	lit (m)	[li]
cuenca (f) fluvial	bassin (m)	[basɛ̃]
desembocar en …	se jeter dans …	[sə ʒəte dã]
afluente (m)	affluent (m)	[aflyã]
ribera (f)	rive (f)	[riv]
corriente (f)	courant (m)	[kurã]
río abajo (adv)	en aval	[ɑn aval]
río arriba (adv)	en amont	[ɑn amõ]
inundación (f)	inondation (f)	[inõdasjõ]
riada (f)	les grandes crues	[le grãd kry]
desbordarse (vr)	déborder (vt)	[debɔrde]
inundar (vt)	inonder (vt)	[inõde]
bajo (m) arenoso	bas-fond (m)	[bafõ]
rápido (m)	rapide (m)	[rapid]
presa (f)	barrage (m)	[baraʒ]
canal (m)	canal (m)	[kanal]
lago (m) artificiale	lac (m) de barrage	[lak də baraʒ]
esclusa (f)	écluse (f)	[eklyz]

cuerpo (m) de agua	plan (m) d'eau	[plɑ̃ do]
pantano (m)	marais (m)	[marɛ]
ciénaga (m)	fondrière (f)	[fɔ̃drijɛr]
remolino (m)	tourbillon (m)	[turbijɔ̃]

arroyo (m)	ruisseau (m)	[rɥiso]
potable (adj)	potable (adj)	[pɔtabl]
dulce (agua ~)	douce (adj)	[dus]

hielo (m)	glace (f)	[glas]
helarse (el lago, etc.)	être gelé	[ɛtr ʒəle]

130. Los nombres de los ríos

Sena (m)	Seine (f)	[sɛn]
Loira (m)	Loire (f)	[lwar]

Támesis (m)	Tamise (f)	[tamiz]
Rin (m)	Rhin (m)	[rɛ̃]
Danubio (m)	Danube (m)	[danyb]

Volga (m)	Volga (f)	[vɔlga]
Don (m)	Don (m)	[dɔ̃]
Lena (m)	Lena (f)	[lena]

Río (m) Amarillo	Huang He (m)	[waŋ e]
Río (m) Azul	Yangzi Jiang (m)	[jɑ̃gzijɑ̃g]
Mékong (m)	Mékong (m)	[mekɔ̃g]
Ganges (m)	Gange (m)	[gɑ̃ʒ]

Nilo (m)	Nil (m)	[nil]
Congo (m)	Congo (m)	[kɔ̃go]
Okavango (m)	Okavango (m)	[ɔkavango]
Zambeze (m)	Zambèze (m)	[zɑ̃bɛz]
Limpopo (m)	Limpopo (m)	[limpopo]
Misisipí (m)	Mississippi (m)	[misisipi]

131. El bosque

bosque (m)	forêt (f)	[fɔrɛ]
de bosque (adj)	forestier (adj)	[fɔrɛstje]

espesura (f)	fourré (m)	[fure]
bosquecillo (m)	bosquet (m)	[bɔskɛ]
claro (m)	clairière (f)	[klɛrjɛr]

maleza (f)	broussailles (f pl)	[brusaj]
matorral (m)	taillis (m)	[taji]

senda (f)	sentier (m)	[sɑ̃tje]
barranco (m)	ravin (m)	[ravɛ̃]
árbol (m)	arbre (m)	[arbr]

| hoja (f) | feuille (f) | [fœj] |
| follaje (m) | feuillage (m) | [fœjaʒ] |

caída (f) de hojas	chute (f) de feuilles	[ʃyt də fœj]
caer (las hojas)	tomber (vi)	[tɔ̃be]
cima (f)	sommet (m)	[sɔmɛ]

rama (f)	rameau (m)	[ramo]
rama (f) (gruesa)	branche (f)	[brɑ̃ʃ]
brote (m)	bourgeon (m)	[burʒɔ̃]
aguja (f)	aiguille (f)	[egɥij]
piña (f)	pomme (f) de pin	[pɔm də pɛ̃]

agujero (m)	creux (m)	[krø]
nido (m)	nid (m)	[ni]
madriguera (f)	terrier (m)	[tɛrje]

tronco (m)	tronc (m)	[trɔ̃]
raíz (f)	racine (f)	[rasin]
corteza (f)	écorce (f)	[ekɔrs]
musgo (m)	mousse (f)	[mus]

extirpar (vt)	déraciner (vt)	[derasine]
talar (vt)	abattre (vt)	[abatr]
deforestar (vt)	déboiser (vt)	[debwaze]
tocón (m)	souche (f)	[suʃ]

hoguera (f)	feu (m) de bois	[fø də bwa]
incendio (m)	incendie (m)	[ɛ̃sɑ̃di]
apagar (~ el incendio)	éteindre (vt)	[etɛ̃dr]

guarda (m) forestal	garde (m) forestier	[gard fɔrɛstje]
protección (f)	protection (f)	[prɔtɛksjɔ̃]
proteger (vt)	protéger (vt)	[prɔteʒe]
cazador (m) furtivo	braconnier (m)	[brakɔnje]
cepo (m)	piège (m) à mâchoires	[pjɛʒ a maʃwar]

| recoger (setas, bayas) | cueillir (vt) | [kœjir] |
| perderse (vr) | s'égarer (vp) | [segare] |

132. Los recursos naturales

recursos (m pl) naturales	ressources (f pl) naturelles	[rəsurs natyrɛl]
minerales (m pl)	minéraux (m pl)	[minero]
depósitos (m pl)	gisement (m)	[ʒizmɑ̃]
yacimiento (m)	champ (m)	[ʃɑ̃]

extraer (vt)	extraire (vt)	[ɛkstrɛr]
extracción (f)	extraction (f)	[ɛkstraksjɔ̃]
mineral (m)	minerai (m)	[minrɛ]
mina (f)	mine (f)	[min]
pozo (m) de mina	puits (m) de mine	[pɥi də min]
minero (m)	mineur (m)	[minœr]
gas (m)	gaz (m)	[gaz]

gasoducto (m)	**gazoduc** (m)	[gazɔdyk]
petróleo (m)	**pétrole** (m)	[petrɔl]
oleoducto (m)	**pipeline** (m)	[piplin]
torre (f) petrolera	**tour** (f) **de forage**	[tur də fɔraʒ]
torre (f) de sondeo	**derrick** (m)	[derik]
petrolero (m)	**pétrolier** (m)	[petrɔlje]
arena (f)	**sable** (m)	[sabl]
caliza (f)	**calcaire** (m)	[kalkɛr]
grava (f)	**gravier** (m)	[gravje]
turba (f)	**tourbe** (f)	[turb]
arcilla (f)	**argile** (f)	[arʒil]
carbón (m)	**charbon** (m)	[ʃarbɔ̃]
hierro (m)	**fer** (m)	[fɛr]
oro (m)	**or** (m)	[ɔr]
plata (f)	**argent** (m)	[arʒɑ̃]
níquel (m)	**nickel** (m)	[nikɛl]
cobre (m)	**cuivre** (m)	[kɥivr]
zinc (m)	**zinc** (m)	[zɛ̃g]
manganeso (m)	**manganèse** (m)	[mɑ̃ganɛz]
mercurio (m)	**mercure** (m)	[mɛrkyr]
plomo (m)	**plomb** (m)	[plɔ̃]
mineral (m)	**minéral** (m)	[mineral]
cristal (m)	**cristal** (m)	[kristal]
mármol (m)	**marbre** (m)	[marbr]
uranio (m)	**uranium** (m)	[yranjɔm]

La tierra. Unidad 2

133. El tiempo

tiempo (m)	temps (m)	[tɑ̃]
previsión (m) del tiempo	météo (f)	[meteo]
temperatura (f)	température (f)	[tɑ̃peratyr]
termómetro (m)	thermomètre (m)	[tɛrmɔmɛtr]
barómetro (m)	baromètre (m)	[barɔmɛtr]
húmedo (adj)	humide (adj)	[ymid]
humedad (f)	humidité (f)	[ymidite]
bochorno (m)	chaleur (f)	[ʃalœr]
tórrido (adj)	torride (adj)	[tɔrid]
hace mucho calor	il fait très chaud	[il fɛ trɛ ʃo]
hace calor (templado)	il fait chaud	[il fɛʃo]
templado (adj)	chaud (adj)	[ʃo]
hace frío	il fait froid	[il fɛ frwa]
frío (adj)	froid (adj)	[frwa]
sol (m)	soleil (m)	[sɔlɛj]
brillar (vi)	briller (vi)	[brije]
soleado (un día ~)	ensoleillé (adj)	[ɑ̃sɔleje]
elevarse (el sol)	se lever (vp)	[sə ləve]
ponerse (vr)	se coucher (vp)	[sə kuʃe]
nube (f)	nuage (m)	[nɥaʒ]
nuboso (adj)	nuageux (adj)	[nɥaʒø]
nubarrón (m)	nuée (f)	[nɥe]
nublado (adj)	sombre (adj)	[sɔ̃br]
lluvia (f)	pluie (f)	[plɥi]
está lloviendo	il pleut	[il plø]
lluvioso (adj)	pluvieux (adj)	[plyvjø]
lloviznar (vi)	bruiner (v imp)	[brɥine]
aguacero (m)	pluie (f) torrentielle	[plɥi tɔrɑ̃sjɛl]
chaparrón (m)	averse (f)	[avɛrs]
fuerte (la lluvia ~)	forte (adj)	[fɔrt]
charco (m)	flaque (f)	[flak]
mojarse (vr)	se faire mouiller	[sə fɛr muje]
niebla (f)	brouillard (m)	[brujar]
nebuloso (adj)	brumeux (adj)	[brymø]
nieve (f)	neige (f)	[nɛʒ]
está nevando	il neige	[il nɛʒ]

134. Los eventos climáticos severos. Los desastres naturales

tormenta (f)	orage (m)	[ɔraʒ]
relámpago (m)	éclair (m)	[eklɛr]
relampaguear (vi)	éclater (vi)	[eklate]
trueno (m)	tonnerre (m)	[tɔnɛr]
tronar (vi)	gronder (vi)	[grɔ̃de]
está tronando	le tonnerre gronde	[lə tɔnɛr grɔ̃d]
granizo (m)	grêle (f)	[grɛl]
está granizando	il grêle	[il grɛl]
inundar (vt)	inonder (vt)	[inɔ̃de]
inundación (f)	inondation (f)	[inɔ̃dasjɔ̃]
terremoto (m)	tremblement (m) de terre	[trãbləmã də tɛr]
sacudida (f)	secousse (f)	[səkus]
epicentro (m)	épicentre (m)	[episãtr]
erupción (f)	éruption (f)	[erypsjɔ̃]
lava (f)	lave (f)	[lav]
torbellino (m)	tourbillon (m)	[turbijɔ̃]
tornado (m)	tornade (f)	[tɔrnad]
tifón (m)	typhon (m)	[tifɔ̃]
huracán (m)	ouragan (m)	[uragã]
tempestad (f)	tempête (f)	[tãpɛt]
tsunami (m)	tsunami (m)	[tsynami]
ciclón (m)	cyclone (m)	[siklon]
mal tiempo (m)	intempéries (f pl)	[ɛ̃tãperi]
incendio (m)	incendie (m)	[ɛ̃sãdi]
catástrofe (f)	catastrophe (f)	[katastrɔf]
meteorito (m)	météorite (m)	[meteɔrit]
avalancha (f)	avalanche (f)	[avalãʃ]
alud (m) de nieve	éboulement (m)	[ebulmã]
ventisca (f)	blizzard (m)	[blizar]
nevasca (f)	tempête (f) de neige	[tãpɛt də nɛʒ]

La fauna

135. Los mamíferos. Los predadores

carnívoro (m)	prédateur (m)	[predatœr]
tigre (m)	tigre (m)	[tigr]
león (m)	lion (m)	[ljɔ̃]
lobo (m)	loup (m)	[lu]
zorro (m)	renard (m)	[rənar]
jaguar (m)	jaguar (m)	[ʒagwar]
leopardo (m)	léopard (m)	[leɔpar]
guepardo (m)	guépard (m)	[gepar]
pantera (f)	panthère (f)	[pɑ̃tɛr]
puma (f)	puma (m)	[pyma]
leopardo (m) de las nieves	léopard (m) de neiges	[leɔpar də nɛʒ]
lince (m)	lynx (m)	[lɛ̃ks]
coyote (m)	coyote (m)	[kɔjɔt]
chacal (m)	chacal (m)	[ʃakal]
hiena (f)	hyène (f)	[jɛn]

136. Los animales salvajes

animal (m)	animal (m)	[animal]
bestia (f)	bête (f)	[bɛt]
ardilla (f)	écureuil (m)	[ekyrœj]
erizo (m)	hérisson (m)	[erisɔ̃]
liebre (f)	lièvre (m)	[ljɛvr]
conejo (m)	lapin (m)	[lapɛ̃]
tejón (m)	blaireau (m)	[blɛro]
mapache (m)	raton (m)	[ratɔ̃]
hámster (m)	hamster (m)	[amstɛr]
marmota (f)	marmotte (f)	[marmɔt]
topo (m)	taupe (f)	[top]
ratón (m)	souris (f)	[suri]
rata (f)	rat (m)	[ra]
murciélago (m)	chauve-souris (f)	[ʃovsuri]
armiño (m)	hermine (f)	[ɛrmin]
cebellina (f)	zibeline (f)	[ziblin]
marta (f)	martre (f)	[martr]
comadreja (f)	belette (f)	[bəlɛt]
visón (m)	vison (m)	[vizɔ̃]

castor (m)	castor (m)	[kastɔr]
nutria (f)	loutre (f)	[lutr]

caballo (m)	cheval (m)	[ʃəval]
alce (m)	élan (m)	[elɑ̃]
ciervo (m)	cerf (m)	[sɛr]
camello (m)	chameau (m)	[ʃamo]

bisonte (m)	bison (m)	[bizɔ̃]
uro (m)	aurochs (m)	[ɔrɔk]
búfalo (m)	buffle (m)	[byfl]

cebra (f)	zèbre (m)	[zɛbr]
antílope (m)	antilope (f)	[ɑ̃tilɔp]
corzo (m)	chevreuil (m)	[ʃəvrœj]
gamo (m)	biche (f)	[biʃ]
gamuza (f)	chamois (m)	[ʃamwa]
jabalí (m)	sanglier (m)	[sɑ̃glije]

ballena (f)	baleine (f)	[balɛn]
foca (f)	phoque (m)	[fɔk]
morsa (f)	morse (m)	[mɔrs]
oso (m) marino	ours (m) de mer	[urs də mɛr]
delfín (m)	dauphin (m)	[dofɛ̃]

oso (m)	ours (m)	[urs]
oso (m) blanco	ours (m) blanc	[urs blɑ̃]
panda (f)	panda (m)	[pɑ̃da]

mono (m)	singe (m)	[sɛ̃ʒ]
chimpancé (m)	chimpanzé (m)	[ʃɛ̃pɑ̃ze]
orangután (m)	orang-outang (m)	[ɔrɑ̃utɑ̃]
gorila (m)	gorille (m)	[gɔrij]
macaco (m)	macaque (m)	[makak]
gibón (m)	gibbon (m)	[ʒibɔ̃]

elefante (m)	éléphant (m)	[elefɑ̃]
rinoceronte (m)	rhinocéros (m)	[rinɔserɔs]
jirafa (f)	girafe (f)	[ʒiraf]
hipopótamo (m)	hippopotame (m)	[ipɔpɔtam]

canguro (m)	kangourou (m)	[kɑ̃guru]
koala (f)	koala (m)	[kɔala]

mangosta (f)	mangouste (f)	[mɑ̃gust]
chinchilla (f)	chinchilla (m)	[ʃɛ̃ʃila]
mofeta (f)	mouffette (f)	[mufɛt]
espín (m)	porc-épic (m)	[pɔrkepik]

137. Los animales domésticos

gata (f)	chat (m)	[ʃa]
gato (m)	chat (m)	[ʃa]
perro (m)	chien (m)	[ʃjɛ̃]

caballo (m)	cheval (m)	[ʃəval]
garañón (m)	étalon (m)	[etalɔ̃]
yegua (f)	jument (f)	[ʒymɑ̃]

vaca (f)	vache (f)	[vaʃ]
toro (m)	taureau (m)	[tɔro]
buey (m)	bœuf (m)	[bœf]

oveja (f)	brebis (f)	[brəbi]
carnero (m)	mouton (m)	[mutɔ̃]
cabra (f)	chèvre (f)	[ʃɛvr]
cabrón (m)	bouc (m)	[buk]

| asno (m) | âne (m) | [ɑn] |
| mulo (m) | mulet (m) | [mylɛ] |

cerdo (m)	cochon (m)	[kɔʃɔ̃]
cerdito (m)	pourceau (m)	[purso]
conejo (m)	lapin (m)	[lapɛ̃]

| gallina (f) | poule (f) | [pul] |
| gallo (m) | coq (m) | [kɔk] |

pato (m)	canard (m)	[kanar]
ánade (m)	canard (m) mâle	[kanar mal]
ganso (m)	oie (f)	[wa]

| pavo (m) | dindon (m) | [dɛ̃dɔ̃] |
| pava (f) | dinde (f) | [dɛ̃d] |

animales (m pl) domésticos	animaux (m pl) domestiques	[animo dɔmɛstik]
domesticado (adj)	apprivoisé (adj)	[aprivwaze]
domesticar (vt)	apprivoiser (vt)	[aprivwaze]
criar (vt)	élever (vt)	[elve]

granja (f)	ferme (f)	[fɛrm]
aves (f pl) de corral	volaille (f)	[vɔlaj]
ganado (m)	bétail (m)	[betaj]
rebaño (m)	troupeau (m)	[trupo]

caballeriza (f)	écurie (f)	[ekyri]
porqueriza (f)	porcherie (f)	[pɔrʃəri]
vaquería (f)	vacherie (f)	[vaʃri]
conejal (m)	cabane (f) à lapins	[kaban ɑ lapɛ̃]
gallinero (m)	poulailler (m)	[pulaje]

138. Los pájaros

pájaro (m)	oiseau (m)	[wazo]
paloma (f)	pigeon (m)	[piʒɔ̃]
gorrión (m)	moineau (m)	[mwano]
paro (m)	mésange (f)	[mezɑ̃ʒ]
cotorra (f)	pie (f)	[pi]
cuervo (m)	corbeau (m)	[kɔrbo]

corneja (f)	corneille (f)	[kɔrnɛj]
chova (f)	choucas (m)	[ʃuka]
grajo (m)	freux (m)	[frø]

pato (m)	canard (m)	[kanar]
ganso (m)	oie (f)	[wa]
faisán (m)	faisan (m)	[fəzɑ̃]

águila (f)	aigle (m)	[ɛgl]
azor (m)	épervier (m)	[epɛrvje]
halcón (m)	faucon (m)	[fokɔ̃]
buitre (m)	vautour (m)	[votur]
cóndor (m)	condor (m)	[kɔ̃dɔr]

cisne (m)	cygne (m)	[siɲ]
grulla (f)	grue (f)	[gry]
cigüeña (f)	cigogne (f)	[sigɔɲ]

loro (m), papagayo (m)	perroquet (m)	[perɔkɛ]
colibrí (m)	colibri (m)	[kɔlibri]
pavo (m) real	paon (m)	[pɑ̃]

avestruz (m)	autruche (f)	[otryʃ]
garza (f)	héron (m)	[erɔ̃]
flamenco (m)	flamant (m)	[flamɑ̃]
pelícano (m)	pélican (m)	[pelikɑ̃]

| ruiseñor (m) | rossignol (m) | [rɔsiɲɔl] |
| golondrina (f) | hirondelle (f) | [irɔ̃dɛl] |

tordo (m)	merle (m)	[mɛrl]
zorzal (m)	grive (f)	[griv]
mirlo (m)	merle (m) noir	[mɛrl nwar]

vencejo (m)	martinet (m)	[martinɛ]
alondra (f)	alouette (f) des champs	[alwɛt de ʃɑ̃]
codorniz (f)	caille (f)	[kaj]

pico (m)	pivert (m)	[pivɛr]
cuco (m)	coucou (m)	[kuku]
lechuza (f)	chouette (f)	[ʃwɛt]
búho (m)	hibou (m)	[ibu]
urogallo (m)	tétras (m)	[tetra]
gallo lira (m)	tétras-lyre (m)	[tetralir]
perdiz (f)	perdrix (f)	[pɛrdri]

estornino (m)	étourneau (m)	[eturno]
canario (m)	canari (m)	[kanari]
ortega (f)	gélinotte (f) des bois	[ʒelinɔt də bwa]

| pinzón (m) | pinson (m) | [pɛ̃sɔ̃] |
| camachuelo (m) | bouvreuil (m) | [buvrœj] |

gaviota (f)	mouette (f)	[mwɛt]
albatros (m)	albatros (m)	[albatros]
pingüino (m)	pingouin (m)	[pɛ̃gwɛ̃]

139. Los peces. Los animales marinos

brema (f)	brème (f)	[brɛm]
carpa (f)	carpe (f)	[karp]
perca (f)	perche (f)	[pɛrʃ]
siluro (m)	silure (m)	[silyr]
lucio (m)	brochet (m)	[brɔʃɛ]

salmón (m)	saumon (m)	[somɔ̃]
esturión (m)	esturgeon (m)	[ɛstyrʒɔ̃]

arenque (m)	hareng (m)	[arɑ̃]
salmón (m) del Atlántico	saumon (m) atlantique	[somɔ̃ atlɑ̃tik]
caballa (f)	maquereau (m)	[makro]
lenguado (m)	flet (m)	[flɛ]

lucioperca (m)	sandre (f)	[sɑ̃dr]
bacalao (m)	morue (f)	[mɔry]
atún (m)	thon (m)	[tɔ̃]
trucha (f)	truite (f)	[trɥit]

anguila (f)	anguille (f)	[ɑ̃gij]
tembladera (f)	torpille (f)	[tɔrpij]
morena (f)	murène (f)	[myrɛn]
piraña (f)	piranha (m)	[piraɲa]

tiburón (m)	requin (m)	[rəkɛ̃]
delfín (m)	dauphin (m)	[dofɛ̃]
ballena (f)	baleine (f)	[balɛn]

centolla (f)	crabe (m)	[krab]
medusa (f)	méduse (f)	[medyz]
pulpo (m)	pieuvre (f), poulpe (m)	[pjœvr], [pulp]

estrella (f) de mar	étoile (f) de mer	[etwal də mɛr]
erizo (m) de mar	oursin (m)	[ursɛ̃]
caballito (m) de mar	hippocampe (m)	[ipɔkɑ̃p]

ostra (f)	huître (f)	[ɥitr]
camarón (m)	crevette (f)	[krəvɛt]
bogavante (m)	homard (m)	[ɔmar]
langosta (f)	langoustine (f)	[lɑ̃gustin]

140. Los anfibios. Los reptiles

serpiente (f)	serpent (m)	[sɛrpɑ̃]
venenoso (adj)	venimeux (adj)	[vənimø]

víbora (f)	vipère (f)	[vipɛr]
cobra (f)	cobra (m)	[kɔbra]
pitón (m)	python (m)	[pitɔ̃]
boa (f)	boa (m)	[bɔa]
culebra (f)	couleuvre (f)	[kulœvr]

| serpiente (m) de cascabel | serpent (m) à sonnettes | [sɛrpɑ̃ a sɔnɛt] |
| anaconda (f) | anaconda (m) | [anakɔ̃da] |

lagarto (f)	lézard (m)	[lezar]
iguana (f)	iguane (m)	[igwan]
varano (m)	varan (m)	[varɑ̃]
salamandra (f)	salamandre (f)	[salamɑ̃dr]
camaleón (m)	caméléon (m)	[kameleɔ̃]
escorpión (m)	scorpion (m)	[skɔrpjɔ̃]

tortuga (f)	tortue (f)	[tɔrty]
rana (f)	grenouille (f)	[grənuj]
sapo (m)	crapaud (m)	[krapo]
cocodrilo (m)	crocodile (m)	[krɔkɔdil]

141. Los insectos

insecto (m)	insecte (m)	[ɛ̃sɛkt]
mariposa (f)	papillon (m)	[papijɔ̃]
hormiga (f)	fourmi (f)	[furmi]
mosca (f)	mouche (f)	[muʃ]
mosquito (m) (picadura de ~)	moustique (m)	[mustik]
escarabajo (m)	scarabée (m)	[skarabe]

avispa (f)	guêpe (f)	[gɛp]
abeja (f)	abeille (f)	[abɛj]
abejorro (m)	bourdon (m)	[burdɔ̃]
moscardón (m)	œstre (m)	[ɛstr]

| araña (f) | araignée (f) | [areɲe] |
| telaraña (f) | toile (f) d'araignée | [twal dareɲe] |

libélula (f)	libellule (f)	[libelyl]
saltamontes (m)	sauterelle (f)	[sotrɛl]
mariposa (f) nocturna	papillon (m)	[papijɔ̃]

cucaracha (f)	cafard (m)	[kafar]
garrapata (f)	tique (f)	[tik]
pulga (f)	puce (f)	[pys]
mosca (f) negra	moucheron (m)	[muʃrɔ̃]

langosta (f)	criquet (m)	[krikɛ]
caracol (m)	escargot (m)	[ɛskargo]
grillo (m)	grillon (m)	[grijɔ̃]
luciérnaga (f)	luciole (f)	[lysjɔl]
mariquita (f)	coccinelle (f)	[kɔksinɛl]
escarabajo (m) sanjuanero	hanneton (m)	[antɔ̃]

sanguijuela (f)	sangsue (f)	[sɑ̃sy]
oruga (f)	chenille (f)	[ʃənij]
gusano (m)	ver (m)	[vɛr]
larva (f)	larve (f)	[larv]

La flora

142. Los árboles

árbol (m)	arbre (m)	[arbr]
foliáceo (adj)	à feuilles caduques	[a fœj kadyk]
conífero (adj)	conifère (adj)	[kɔnifɛr]
de hoja perenne	à feuilles persistantes	[a fœj pɛrsistãt]
manzano (m)	pommier (m)	[pɔmje]
peral (m)	poirier (m)	[pwarje]
cerezo (m)	merisier (m)	[mərizje]
guindo (m)	cerisier (m)	[sərizje]
ciruelo (m)	prunier (m)	[prynje]
abedul (m)	bouleau (m)	[bulo]
roble (m)	chêne (m)	[ʃɛn]
tilo (m)	tilleul (m)	[tijœl]
pobo (m)	tremble (m)	[trãbl]
arce (m)	érable (m)	[erabl]
picea (m)	épicéa (m)	[episea]
pino (m)	pin (m)	[pɛ̃]
alerce (m)	mélèze (m)	[melɛz]
abeto (m)	sapin (m)	[sapɛ̃]
cedro (m)	cèdre (m)	[sɛdr]
álamo (m)	peuplier (m)	[pøplije]
serbal (m)	sorbier (m)	[sɔrbje]
sauce (m)	saule (m)	[sol]
aliso (m)	aune (m)	[on]
haya (f)	hêtre (m)	[ɛtr]
olmo (m)	orme (m)	[ɔrm]
fresno (m)	frêne (m)	[frɛn]
castaño (m)	marronnier (m)	[marɔnje]
magnolia (f)	magnolia (m)	[maɲɔlja]
palmera (f)	palmier (m)	[palmje]
ciprés (m)	cyprès (m)	[siprɛ]
mangle (m)	palétuvier (m)	[paletyvje]
baobab (m)	baobab (m)	[baɔbab]
eucalipto (m)	eucalyptus (m)	[økaliptys]
secoya (f)	séquoia (m)	[sekɔja]

143. Los arbustos

mata (f)	buisson (m)	[bɥisõ]
arbusto (m)	arbrisseau (m)	[arbriso]

vid (f)	vigne (f)	[viɲ]
viñedo (m)	vigne (f)	[viɲ]

frambueso (m)	framboise (f)	[frãbwaz]
grosella (f) negra	cassis (m)	[kasis]
grosellero (f) rojo	groseille (f) rouge	[grozɛj ruʒ]
grosellero (m) espinoso	groseille (f) verte	[grozɛj vɛrt]

acacia (f)	acacia (m)	[akasja]
berberís (m)	berbéris (m)	[bɛrberis]
jazmín (m)	jasmin (m)	[ʒasmɛ̃]

enebro (m)	genévrier (m)	[ʒənevrije]
rosal (m)	rosier (m)	[rozje]
escaramujo (m)	églantier (m)	[eglãtje]

144. Las frutas. Las bayas

fruto (m)	fruit (m)	[frɥi]
frutos (m pl)	fruits (m pl)	[frɥi]
manzana (f)	pomme (f)	[pɔm]
pera (f)	poire (f)	[pwar]
ciruela (f)	prune (f)	[pryn]

fresa (f)	fraise (f)	[frɛz]
guinda (f)	cerise (f)	[səriz]
cereza (f)	merise (f)	[məriz]
uva (f)	raisin (m)	[rɛzɛ̃]

frambuesa (f)	framboise (f)	[frãbwaz]
grosella (f) negra	cassis (m)	[kasis]
grosella (f) roja	groseille (f) rouge	[grozɛj ruʒ]
grosella (f) espinosa	groseille (f) verte	[grozɛj vɛrt]
arándano (m) agrio	canneberge (f)	[kanbɛrʒ]

naranja (f)	orange (f)	[ɔrãʒ]
mandarina (f)	mandarine (f)	[mãdarin]
ananás (m)	ananas (m)	[anana]

banana (f)	banane (f)	[banan]
dátil (m)	datte (f)	[dat]

limón (m)	citron (m)	[sitrɔ̃]
albaricoque (m)	abricot (m)	[abriko]
melocotón (m)	pêche (f)	[pɛʃ]

kiwi (m)	kiwi (m)	[kiwi]
pomelo (m)	pamplemousse (m)	[pãpləmus]

baya (f)	baie (f)	[bɛ]
bayas (f pl)	baies (f pl)	[bɛ]
arándano (m) rojo	airelle (f) rouge	[ɛrɛl ruʒ]
fresa (f) silvestre	fraise (f) des bois	[frɛz de bwa]
arándano (m)	myrtille (f)	[mirtij]

145. Las flores. Las plantas

flor (f)	fleur (f)	[flœr]
ramo (m) de flores	bouquet (m)	[bukɛ]
rosa (f)	rose (f)	[roz]
tulipán (m)	tulipe (f)	[tylip]
clavel (m)	oeillet (m)	[œjɛ]
gladiolo (m)	glaïeul (m)	[glajœl]
aciano (m)	bleuet (m)	[bløɛ]
campanilla (f)	campanule (f)	[kãpanyl]
diente (m) de león	dent-de-lion (f)	[dãdəljõ]
manzanilla (f)	marguerite (f)	[margərit]
áloe (m)	aloès (m)	[alɔɛs]
cacto (m)	cactus (m)	[kaktys]
ficus (m)	ficus (m)	[fikys]
azucena (f)	lis (m)	[li]
geranio (m)	géranium (m)	[ʒeranjɔm]
jacinto (m)	jacinthe (f)	[ʒasɛ̃t]
mimosa (f)	mimosa (m)	[mimɔza]
narciso (m)	jonquille (f)	[ʒõkij]
capuchina (f)	capucine (f)	[kapysin]
orquídea (f)	orchidée (f)	[ɔrkide]
peonía (f)	pivoine (f)	[pivwan]
violeta (f)	violette (f)	[vjɔlɛt]
trinitaria (f)	pensée (f)	[pãse]
nomeolvides (f)	myosotis (m)	[mjɔzɔtis]
margarita (f)	pâquerette (f)	[pɑkrɛt]
amapola (f)	coquelicot (m)	[kɔkliko]
cáñamo (m)	chanvre (m)	[ʃãvr]
menta (f)	menthe (f)	[mãt]
muguete (m)	muguet (m)	[mygɛ]
campanilla (f) de las nieves	perce-neige (f)	[pɛrsənɛʒ]
ortiga (f)	ortie (f)	[ɔrti]
acedera (f)	oseille (f)	[ozɛj]
nenúfar (m)	nénuphar (m)	[nenyfar]
helecho (m)	fougère (f)	[fuʒɛr]
liquen (m)	lichen (m)	[likɛn]
invernadero (m) tropical	serre (f) tropicale	[sɛr trɔpikal]
césped (m)	gazon (m)	[gazõ]
macizo (m) de flores	parterre (m) de fleurs	[partɛr də flœr]
planta (f)	plante (f)	[plãt]
hierba (f)	herbe (f)	[ɛrb]
hoja (f) de hierba	brin (m) d'herbe	[brɛ̃ dɛrb]

hoja (f)	feuille (f)	[fœj]
pétalo (m)	pétale (m)	[petal]
tallo (m)	tige (f)	[tiʒ]
tubérculo (m)	tubercule (m)	[tybɛrkyl]

| retoño (m) | pousse (f) | [pus] |
| espina (f) | épine (f) | [epin] |

florecer (vi)	fleurir (vi)	[flœrir]
marchitarse (vr)	se faner (vp)	[sə fane]
olor (m)	odeur (f)	[ɔdœr]
cortar (vt)	couper (vt)	[kupe]
coger (una flor)	cueillir (vt)	[kœjir]

146. Los cereales, los granos

grano (m)	grains (m pl)	[grɛ̃]
cereales (m pl) (plantas)	céréales (f pl)	[sereal]
espiga (f)	épi (m)	[epi]

trigo (m)	blé (m)	[ble]
centeno (m)	seigle (m)	[sɛgl]
avena (f)	avoine (f)	[avwan]
mijo (m)	millet (m)	[mijɛ]
cebada (f)	orge (f)	[ɔrʒ]

maíz (m)	maïs (m)	[mais]
arroz (m)	riz (m)	[ri]
alforfón (m)	sarrasin (m)	[sarazɛ̃]

guisante (m)	pois (m)	[pwa]
fréjol (m)	haricot (m)	[ariko]
soya (f)	soja (m)	[sɔʒa]
lenteja (f)	lentille (f)	[lɑ̃tij]

LOS PAÍSES. LAS NACIONALIDADES

147. Europa occidental

Europa (f)	Europe (f)	[ørɔp]
Unión (f) Europea	Union (f) européenne	[ynjɔn ørɔpeɛn]
Austria (f)	Autriche (f)	[otriʃ]
Gran Bretaña (f)	Grande-Bretagne (f)	[grɑ̃dbrətaɲ]
Inglaterra (f)	Angleterre (f)	[ɑ̃glətɛr]
Bélgica (f)	Belgique (f)	[bɛlʒik]
Alemania (f)	Allemagne (f)	[almaɲ]
Países Bajos (m pl)	Pays-Bas (m)	[peiba]
Holanda (f)	Hollande (f)	[ɔlɑ̃d]
Grecia (f)	Grèce (f)	[grɛs]
Dinamarca (f)	Danemark (m)	[danmark]
Irlanda (f)	Irlande (f)	[irlɑ̃d]
Islandia (f)	Islande (f)	[islɑ̃d]
España (f)	Espagne (f)	[ɛspaɲ]
Italia (f)	Italie (f)	[itali]
Chipre (m)	Chypre (m)	[ʃipr]
Malta (f)	Malte (f)	[malt]
Noruega (f)	Norvège (f)	[nɔrvɛʒ]
Portugal (f)	Portugal (m)	[pɔrtygal]
Finlandia (f)	Finlande (f)	[fɛ̃lɑ̃d]
Francia (f)	France (f)	[frɑ̃s]
Suecia (f)	Suède (f)	[sɥɛd]
Suiza (f)	Suisse (f)	[sɥis]
Escocia (f)	Écosse (f)	[ekɔs]
Vaticano (m)	Vatican (m)	[vatikɑ̃]
Liechtenstein (m)	Liechtenstein (m)	[liʃtɛnʃtajn]
Luxemburgo (m)	Luxembourg (m)	[lyksɑ̃bur]
Mónaco (m)	Monaco (m)	[mɔnako]

148. Europa central y oriental

Albania (f)	Albanie (f)	[albani]
Bulgaria (f)	Bulgarie (f)	[bylgari]
Hungría (f)	Hongrie (f)	[ɔ̃gri]
Letonia (f)	Lettonie (f)	[lɛtɔni]
Lituania (f)	Lituanie (f)	[lituani]
Polonia (f)	Pologne (f)	[pɔlɔɲ]

Rumania (f)	Roumanie (f)	[rumani]
Serbia (f)	Serbie (f)	[sɛrbi]
Eslovaquia (f)	Slovaquie (f)	[slovaki]

Croacia (f)	Croatie (f)	[krɔasi]
Chequia (f)	République (f) Tchèque	[repyblik tʃɛk]
Estonia (f)	Estonie (f)	[ɛstɔni]

Bosnia y Herzegovina	Bosnie (f)	[bɔsni]
Macedonia	Macédoine (f)	[masedwan]
Eslovenia	Slovénie (f)	[slɔveni]
Montenegro (m)	Monténégro (m)	[mɔ̃tenegro]

149. Los países de la antes Unión Soviética

| Azerbaidzhán (m) | Azerbaïdjan (m) | [azɛrbajdʒɑ̃] |
| Armenia (f) | Arménie (f) | [armeni] |

Bielorrusia (f)	Biélorussie (f)	[bjelɔrysi]
Georgia (f)	Géorgie (f)	[ʒeɔrʒi]
Kazajstán (m)	Kazakhstan (m)	[kazakstɑ̃]
Kirguizistán (m)	Kirghizistan (m)	[kirgizistɑ̃]
Moldavia (f)	Moldavie (f)	[mɔldavi]

| Rusia (f) | Russie (f) | [rysi] |
| Ucrania (f) | Ukraine (f) | [ykrɛn] |

Tayikistán (m)	Tadjikistan (m)	[tadʒikistɑ̃]
Turkmenia (f)	Turkménistan (m)	[tyrkmenistɑ̃]
Uzbekistán (m)	Ouzbékistan (m)	[uzbekistɑ̃]

150. Asia

Asia (f)	Asie (f)	[azi]
Vietnam (m)	Vietnam (m)	[vjɛtnam]
India (f)	Inde (f)	[ɛ̃d]
Israel (m)	Israël (m)	[israɛl]

China (f)	Chine (f)	[ʃin]
Líbano (m)	Liban (m)	[libɑ̃]
Mongolia (f)	Mongolie (f)	[mɔ̃gɔli]

| Malasia (f) | Malaisie (f) | [malɛzi] |
| Pakistán (m) | Pakistan (m) | [pakistɑ̃] |

Arabia (f) Saudita	Arabie (f) Saoudite	[arabi saudit]
Tailandia (f)	Thaïlande (f)	[tajlɑ̃d]
Taiwán (m)	Taïwan (m)	[tajwan]
Turquía (f)	Turquie (f)	[tyrki]
Japón (m)	Japon (m)	[ʒapɔ̃]
Afganistán (m)	Afghanistan (m)	[afganistɑ̃]
Bangladesh (m)	Bangladesh (m)	[bɑ̃gladɛʃ]

Indonesia (f)	Indonésie (f)	[ɛ̃dɔnezi]
Jordania (f)	Jordanie (f)	[ʒɔrdani]
Irak (m)	Iraq (m)	[irak]
Irán (m)	Iran (m)	[irɑ̃]
Camboya (f)	Cambodge (m)	[kɑ̃bɔdʒ]
Kuwait (m)	Koweït (m)	[kɔwɛjt]
Laos (m)	Laos (m)	[laos]
Myanmar (m)	Myanmar (m)	[mjanmar]
Nepal (m)	Népal (m)	[nepal]
Emiratos (m pl) Árabes Unidos	Fédération (f) des Émirats Arabes Unis	[federasjɔ̃ dezemira arabzyni]
Siria (f)	Syrie (f)	[siri]
Palestina (f)	Palestine (f)	[palɛstin]
Corea (f) del Sur	Corée (f) du Sud	[kɔre dy syd]
Corea (f) del Norte	Corée (f) du Nord	[kɔre dy nɔr]

151. América del Norte

Estados Unidos de América (m pl)	les États Unis	[lezeta zyni]
Canadá (f)	Canada (m)	[kanada]
Méjico (m)	Mexique (m)	[mɛksik]

152. Centroamérica y Sudamérica

Argentina (f)	Argentine (f)	[arʒɑ̃tin]
Brasil (f)	Brésil (m)	[brezil]
Colombia (f)	Colombie (f)	[kɔlɔ̃bi]
Cuba (f)	Cuba (f)	[kyba]
Chile (m)	Chili (m)	[ʃili]
Bolivia (f)	Bolivie (f)	[bɔlivi]
Venezuela (f)	Venezuela (f)	[venezɥela]
Paraguay (m)	Paraguay (m)	[paragwɛ]
Perú (m) —	Pérou (m)	[peru]
Surinam (m)	Surinam (m)	[syrinam]
Uruguay (m)	Uruguay (m)	[yrygwɛ]
Ecuador (m)	Équateur (m)	[ekwatœr]
Islas (f pl) Bahamas	Bahamas (f pl)	[baamas]
Haití (m)	Haïti (m)	[aiti]
República (f) Dominicana	République (f) Dominicaine	[repyblik dɔminikɛn]
Panamá (f)	Panamá (m)	[panama]
Jamaica (f)	Jamaïque (f)	[ʒamaik]

153. África

Egipto (m)	Égypte (f)	[eʒipt]
Marruecos (m)	Maroc (m)	[marɔk]
Túnez (m)	Tunisie (f)	[tynizi]

Ghana (f)	Ghana (m)	[gana]
Zanzíbar (m)	Zanzibar (m)	[zãzibar]
Kenia (f)	Kenya (m)	[kenja]
Libia (f)	Libye (f)	[libi]
Madagascar (m)	Madagascar (f)	[madagaskar]

Namibia (f)	Namibie (f)	[namibi]
Senegal	Sénégal (m)	[senegal]
Tanzania (f)	Tanzanie (f)	[tãzani]
República (f) Sudafricana	République (f) Sud-africaine	[repyblik sydafrikɛn]

154. Australia. Oceanía

Australia (f)	Australie (f)	[ostrali]
Nueva Zelanda (f)	Nouvelle Zélande (f)	[nuvɛl zelãd]

Tasmania (f)	Tasmanie (f)	[tasmani]
Polinesia (f) Francesa	Polynésie (f) Française	[pɔlinezi frãsɛz]

155. Las ciudades

Ámsterdam	Amsterdam (f)	[amstɛrdam]
Ankara	Ankara (m)	[ãkara]
Atenas	Athènes (m)	[atɛn]

Bagdad	Bagdad (m)	[bagdad]
Bangkok	Bangkok (m)	[bãkɔk]
Barcelona	Barcelone (f)	[barsəlɔn]
Beirut	Beyrouth (m)	[berut]
Berlín	Berlin (m)	[bɛrlɛ̃]

Bombay	Bombay (m)	[bɔ̃bɛ]
Bonn	Bonn (f)	[bɔn]
Bratislava	Bratislava (m)	[bratislava]
Bruselas	Bruxelles (m)	[brysɛl]
Bucarest	Bucarest (m)	[bykarɛst]
Budapest	Budapest (m)	[bydapɛst]
Burdeos	Bordeaux (f)	[bɔrdo]

El Cairo	Caire (m)	[kɛr]
Calcuta	Calcutta (f)	[kalkyta]
Chicago	Chicago (f)	[ʃikago]
Copenhague	Copenhague (f)	[kɔpənag]
Dar-es-Salam	Dar es-Salaam (f)	[darɛssalam]
Delhi	Delhi (f)	[deli]

Dubai	Dubaï (f)	[dybaj]
Dublín	Dublin (f)	[dyblɛ̃]
Dusseldorf	Düsseldorf (f)	[dysɛldɔrf]

Estambul	Istanbul (f)	[istãbul]
Estocolmo	Stockholm (m)	[stɔkɔlm]
Florencia	Florence (f)	[flɔrãs]
Fráncfort del Meno	Francfort (f)	[frãkfɔr]
Ginebra	Genève (f)	[ʒənɛv]

La Habana	Havane (f)	[avan]
Hamburgo	Hambourg (f)	[ãbur]
Hanói	Hanoi (f)	[anɔj]
La Haya	Hague (f)	[ag]
Helsinki	Helsinki (f)	[ɛlsiŋki]
Hiroshima	Hiroshima (f)	[irɔʃima]
Hong Kong (m)	Hong Kong (m)	[ɔ̃gkɔ̃g]

Jerusalén	Jérusalem (f)	[ʒeryzalɛm]
Kiev	Kiev (f)	[kjɛf]
Kuala Lumpur	Kuala Lumpur (f)	[kwalalumpur]

Lisboa	Lisbonne (f)	[lizbɔn]
Londres	Londres (m)	[lɔ̃dr]
Los Ángeles	Los Angeles (f)	[lɔsãdʒəlɛs]
Lyon	Lyon (f)	[ljɔ̃]

Madrid	Madrid (f)	[madrid]
Marsella	Marseille (f)	[marsɛj]
Méjico	Mexico (f)	[mɛksiko]
Miami	Miami (f)	[miami]
Montreal	Montréal (f)	[mɔ̃real]
Moscú	Moscou (f)	[mɔsku]
Munich	Munich (f)	[mynik]

Nairobi	Nairobi (f)	[nɛrɔbi]
Nápoles	Naples (f)	[napl]
Niza	Nice (f)	[nis]
Nueva York	New York (f)	[nujɔrk]

Oslo	Oslo (m)	[ɔslo]
Ottawa	Ottawa (m)	[ɔtawa]
París	Paris (m)	[pari]
Pekín	Pékin (m)	[pekɛ̃]
Praga	Prague (m)	[prag]

Río de Janeiro	Rio de Janeiro (m)	[rijodədʒanɛro]
Roma	Rome (f)	[rɔm]
San Petersburgo	Saint-Pétersbourg (m)	[sɛ̃petɛrsbur]
Seúl	Séoul (m)	[seul]
Shanghái	Shanghai (m)	[ʃãgaj]
Singapur	Singapour (f)	[sɛ̃gapur]
Sydney	Sidney (m)	[sidnɛ]

| Taipei | Taipei (m) | [tajbɛj] |
| Tokio | Tokyo (m) | [tɔkjo] |

Toronto	Toronto (m)	[tɔrɔ̃to]
Varsovia	Varsovie (f)	[varsɔvi]
Venecia	Venise (f)	[vəniz]
Viena	Vienne (f)	[vjɛn]
Washington	Washington (f)	[waʃiŋtɔn]